1

# *Stille Angst*

Ostfrieslandkrimi von Moa Graven

Overcross Special mit

Eva Sturm - Lisa Berthold - Katrin Birgner

*Impressum*
**Stille Angst**
**Overcross Special mit Eva Sturm - Lisa Berthold -
Kath in Dirgner   in der Krimi-Reihe Eva Sturm
ermittelt - Der fünfte Fall - Ostfrieslandkrimi von Moa
Graven**
*Alle Rechte am Werk liegen bei der Autorin*
*Erschienen im cri.ki-Verlag Leer (Ostfriesland)*
*April 2016*
*ISBN 978-3-945372-77-7*
*Umschlagfoto: Thorsten Burghart*
*Gestaltung: Moa Graven - cri.ki-Verlag Leer (Ostfriesland)*

## Zum Inhalt

Drei überaus kluge Frauen arbeiten als Ermittlerinnen in Ostfriesland. Eva Sturm auf Langeoog, Lisa Berthold mit Jan Krömer in Aurich und Katrin Birgner mit Kommissar Guntram in Leer. Bei verschiedenen Mordermittlungen, die Ostfriesland in Unruhe versetzen, lernten sie sich bereits flüchtig kennen. Um einmal Abstand von ihren »Männern«, den Ermittlerkollegen zu bekommen, beschließen sie, gemeinsam ein schönes Frauen-Wochenende auf Borkum zu verbringen. Doch ihr Job ist nicht alles, was sie verbindet. In allen drei Frauen lauert eine stille Angst. Denn sie werden latent bedroht von anonymen Anrufern und Nachrichten. Und Katrin Birgner geschah sogar noch Schlimmeres. Sie weiß nicht, wer der Vater ihres Kindes ist. Als sie sich immer näher kennen lernen, lassen sie die Maske der ewig starken Frau fallen und geben nach und nach zu, dass sie sich von dieser Bedrohung immer mehr in ihrem Alltag beeinflussen lassen. Alle drei leben zudem noch alleine. Liegt das an ihrem Job? Und dann gibt es auf Borkum einen Toten, der noch einmal alles, an was sie bisher geglaubt hatten, infrage stellt.

*»Nur einen schwachen Menschen*
*macht die Angst noch kleiner.«*

## Am Borkumkai in Emden

Die drei Frauen, die an diesem Morgen Anfang Mai am Borkumkai in Emden aufeinandertrafen, hätten unterschiedlicher nicht sein können.

Eva Sturm hatte sich von Jürgen in aller Herrgottsfrühe von Langeoog hierher bringen lassen. Oder vielmehr, er hatte darauf bestanden, sie bis vor die Tür am Borkumkai zu bringen. Da sie es ihm nicht hatte ausreden können, hatte sie eingewilligt, damit sie überhaupt noch pünktlich eintraf, bevor die Fähre abfuhr. Sie hatte es sich aber verbeten, dass er bei ihr blieb, bis sie ablegten. »Ich bin doch kein kleines Kind«, hatte sie gepoltert, als Jürgen ihr die Reisetasche partout nicht geben wollte und sie daran zog, um sie ihm gewaltsam zu entreißen. Vielleicht wollte Jürgen einfach nur, dass die anderen Kolleginnen von Eva ihn sahen. Am Ende sollte sie ihm wohl noch dankbar sein, dass er ihr damit den Makel einer Alleinstehenden nahm. Doch all das hatte sie durchschaut und nicht gewollt. Schließlich war er abgezogen und sie hatte auf dem Absatz kehrt gemacht, um sich eine Fahrkarte zu kaufen.

Am Schalter traf sie dann auch prompt auf Lisa Berthold und Katrin Birgner, die sich bereits angeregt unterhielten. Eva fragte lieber nicht, ob sie das Drama mit Jürgen mit angesehen hatten.

»Eva, schön, dass du da bist«, begrüßte sie Lisa Berthold herzlich und nahm sie spontan in den Arm. »Es ist so schön, dass es mit uns Dreien geklappt hat, findest du nicht Katrin?«

Katrin Birgner nickte und Eva sah neidisch auf die hochgewachsene schlanke Frau mit den schulterlangen dunklen Haaren, die überhaupt nicht danach aussah, als wäre sie gerade erst Mutter geworden. Sie trug ein rotes Shirt, das lässig über der Jeans hing und man konnte ihre Taille deutlich erkennen. Automatisch zog Eva ihren Bauch ein. Verdammte Pizza, verdammter Jürgen, grummelte es in ihr.

»Freut mich sehr, dich kennen zu lernen«, sagte Katrin Birgner und reichte Eva die Hand.

»Ja, finde ich auch«, entgegnete Eva. »War doch wirklich eine tolle Idee von Lisa.«

»Ihr habt euch schon bei einer Ermittlung in Aurich kennen gelernt, habe ich gehört?«

Eva nickte. »Ja, das stimmt. Das war ein ganz verrückter Fall, bei dem ein älterer Herr in die Fänge eines Unternehmens geraten war, das sein Geschäft damit machte, Menschen dabei zu helfen, in den Freitod zu gehen.«

»Mein Gott, wie makaber. Als wenn durch Mörder und Verkehrsunfälle nicht schon genug Menschen sterben jeden Tag.« Katrin Birgner schüttelte ungläubig den Kopf. »Aber ansonsten hast du es mit der Insel Langeoog ja wirklich gut getroffen als Arbeitsplatz.«

Eva lachte. »Tja, das hätte ich auch nicht gedacht, dass ich das einmal positiv sehen würde, dort zu arbeiten. Am Anfang kam ich mir wie eine Gefangene vor, weil ich ja nirgends hinkonnte ohne Fähre.«

»Daran muss man sich wohl erst mal gewöhnen, das glaube ich gerne.«

»Ich glaube, wir sollten langsam zur Fähre gehen«, mischte sich Lisa Berthold ein. »Sonst fahren die am Ende noch ohne uns los.«

»Bloß dass nicht«, lachte Katrin Birgner, »wenn ich schon mal frei habe, dann will ich auch etwas davon haben.«

Die drei Frauen schnappten sich ihr Gepäck und liefen in Richtung Gangway, wo sich schon eine Menschentraube versammelt hatte.

Natürlich, es war Mai und die Sonne strahlte vom Himmel. Wer hatte da nicht Sehnsucht nach Erholung, Strand und Meer.

Und sie schafften es tatsächlich, sich einen schönen Platz unter Deck am Fenster zu sichern.

»Ich hole mal für alle einen Kaffee«, schlug Lisa Berthold vor. »Möchte noch jemand etwas dazu, einen Schokoriegel oder Croissant?«

Katrin Birgner winkte ab und Eva hielt sich auch zurück. »Ich habe heute Morgen schon ausgiebig gefrühstückt«, log sie. Wie würde es denn aussehen, wenn sie als Kleinste, Älteste und auch wohl Korpulenteste sich hier den Bauch vollschlug. Zugegeben, Lisa war die Unscheinbarste von ihnen allen Dreien. Doch sie war wenigstens nicht fett. Sie hatte ein durchschnittliches Gesicht, aschblondes Haar und trug sicher Größe achtunddreißig. Ein Pluspunkt, den sie aber aus irgendwelchen Gründen im dunkelblauen Schlabberlook versteckte. Ihre blassblauen Augen sahen fröhlich und ehrlich aus. Eva war schon in Aurich blendend mit ihr ausgekommen.

Doch da wirkte Katrin Birgner schon wesentlich interessanter, ja fast geheimnisvoll. Der dunkle Teint und die braunen Augen ... und dazu noch die durchtrainierte Idealfigur. Und trotzdem war sie Single. Komisch dachte Eva, und dazu jetzt auch noch mit Kind. Am liebsten hätte Eva frei heraus gefragt, was es damit auf sich hatte. Doch sie hielt sich zurück. Um ihre Neugier zu stillen, würde sicher noch der richtige Augenblick kommen.

Lisa kam mit dem Kaffee zurück.

»Unsere Zimmer liegen alle mit Blick aufs Meer«, sagte sie und rührte in ihrem Kaffeebecher.

»Das ist ja traumhaft«, freute sich Katrin.

»Eva hat das ja jeden Tag«, fuhr Lisa fort. »Da könnte man direkt neidisch werden.«

Eva schüttelte den Kopf. »Nein, das braucht ihr wirklich nicht zu sein. Natürlich ist das Meer faszinierend, aber man ist immer auf die Fähre angewiesen, wenn man mal was anderes sehen will. Und ich kann euch sagen, dieser Wunsch, der kommt schon öfter hoch.«

»Du bist also gar nicht so gerne auf Langeoog?«, fragte Lisa erstaunt.

»Doch, mittlerweile schon. Aber mit den Insulanern kommt man nur schwer in Kontakt.«

»Bis auf den hübschen jungen Mann, der dich nach Emden gebracht hat«, lachte Lisa. »Wer war das eigentlich?« Lisa war das Geplänkel wohl nicht entgangen.

»Ach, das war nur Jürgen. Er arbeitet in der Touristinfo und ist mir zu einem guten Freund geworden.«

»Mehr nicht ... nur ein guter Freund?« Lisa strahlte sie herausfordernd an.

»Nein, mehr ist da nicht.« Eva sah verschämt aufs offene Meer.

»Und du, Katrin«, bohrte Lisa weiter. »Wer hat dein Herz das letzte Mal gebrochen?«

Katrin Birgner sah in ihren Kaffeebecher und sagte nichts. Das hab ich mir gedacht, triumphierte Eva innerlich und war froh, dass sie nicht in das Wespennest gestochen hatte.

»Ach«, sagte Katrin obenhin. »Ich kann die Verehrer gar nicht mehr zählen.« Dann lachte sie Lisa offen an. Man konnte ihr einfach nicht böse sein.

»Du lebst doch sicher mit dem Vater deines Kindes zusammen«, sagte Lisa erleichtert, »oder?«

Katrin schüttelte mit dem Kopf.

»Aber er kümmert sich doch hoffentlich auch um das Kind«, meinte Lisa.

»Das ist kompliziert ...« Katrin atmete tief durch.

»Okay, geht mich ja auch nichts an«, sagte Lisa schnell. »Lasst uns doch lieber über unsere Kollegen herziehen, das ist sicher ein unerschöpfliches Thema.«

Die Situation entspannte sich ein wenig, doch Eva ließ Katrin nicht aus den Augen. Sie spürte, dass diese schöne junge Frau schwer an etwas zu knabbern hatte.

Die Überfahrt dauerte über zwei Stunden und so hatten sie ausgiebig Zeit, sich über ihre Kollegen und ihre Arbeit auszutauschen. Es stellte sich heraus, dass die Unterschiede doch gravierender waren als gedacht.

Katrin, die mit Jochen Guntram, einem alten Brummbären in den Fünfzigern, wie sie ihn beschrieb, arbeitete, und im Gegensatz dazu Lisa, die in Jan Krömer einen ausgesprochen interessanten Kollegen vorzuweisen hatte.

»Ich habe ihn ja schon kennen gelernt«, sagte Eva und zwinkerte Lisa verschwörerisch zu. »Er hat schon eine besondere Ausstrahlung.«

»Das ist noch vorsichtig ausgedrückt«, lachte Lisa. »Aber du hast recht, Jan ist schon etwas ganz Besonderes. Und man wird oft nicht schlau aus ihm. Aber trotzdem liegt er mit seinen Vermutungen meistens richtig.«

»Da wird einem so ein Arbeitstag doch bestimmt nicht langweilig«, seufzte Eva, die an die rasanten Fahrten mit dem alten Opel und Jürgen dachte. Zuletzt hatten sie Bad Zwischenahn unsicher gemacht.

»Nein, langweilig wird es nie«, stimmte Lisa zu.

»Da kommt das Privatleben doch sicher zu kurz, oder?«

»Ach, meistens bin ich abends todmüde«, sagte Lisa und spielte an ihrem Kaffeebecher herum.

Eva ging nicht davon aus, dass zwischen Lisa und Jan etwas lief. Dafür war die Stimmung zwischen den beiden viel zu entspannt, hatte sie festgestellt.

Sie registrierte, dass Katrin sich aus dieser Unterhaltung komplett herausgehalten hatte. Ob sie nicht gerne über ihre Arbeit und ihr Privatleben sprach? Doch sie würde schon noch herausbekommen, was mit Katrin los war.

## Endlich auf der Insel

»Hier kann man mal so richtig durchatmen«, sagte Katrin Birgner, als sie die Fähre verlassen hatten.

Sie gingen zur Inselbahn, die sie gleich in das Zentrum bringen würde.

»Es ist tatsächlich so, als wenn man mal alles hinter sich lassen könnte.« Lisa Berthold verstaute ihr Gepäck und kramte in ihrem Rucksack herum. »Irgendwo habe ich doch mein Handy, ich würde so gerne ein paar Fotos machen von unserer Ankunft.«

Endlich hatte sie es gefunden und machte ein paar Schnappschüsse von Eva und Katrin und sogar ein Bild, wo sie drei zusammen im Portrait in die Kamera blickten. Später würden sie über dieses Foto sagen, dass es das interessanteste von allen gewesen war.

Die Inselbahn war praktisch bis auf den letzten Platz besetzt und setzte sich in Bewegung. Schweigend saßen die drei Frauen und sahen auf die Grashügel und Häuser, die an ihnen vorbeizogen. Vielleicht war es Zeit, einmal seinen eigenen Gedanken nachzuhängen. Denn keine von ihnen war es gewohnt, eine Freundin, geschweige denn zwei zu haben, mit denen man sich permanent unterhielt. Sowas sahen sie höchstens mal im Fernsehen, wenn sie an einer

Vorabendserie hängen blieben. In ihrem Job waren sie oft nur mit Männern zusammen und hatten da ihren Mann zu stehen, wie man so schön sagte.

Katrin beobachtete eine junge Frau, die mit einem Kleinkind auf dem Schoß ihr gegenübersaß. Das Kind schien eingeschlafen, denn die Arme hingen schlaff herab und die Augen waren geschlossen. Die Mutter hatte nur ihren Arm ganz fest um das Kind gelegt und kümmerte sich nicht weiter darum. Und doch war dieses Bild eines, dass alles über die Mutter-Kind-Beziehung verriet. Diese beiden vertrauten einander. Die Frau würde dieses kleine Leben da in ihrem Arm wie eine Löwin verteidigen. Und instinktiv wusste das Kind, dass es sich in Sicherheit befand. Kinder schliefen in den ersten Jahren, wo immer sie waren, egal ob im Auto, neben dem laufenden Fernseher oder im Einkaufswagen eines Supermarktes. Sie hatten noch dieses Urvertrauen. In welchem Alter hörte das eigentlich auf?, fragte sich Katrin. Und warum? Was ihre Tochter wohl gerade machte? Sie hatte die kleine Sarah zu ihren Eltern gebracht. Und es war ihr nicht schwergefallen. Es beschäftigte sie, warum ihr diese Trennung so leicht fiel. Musste sie nicht auch wie diese Frau dort ihr Kind in den Armen halten? Sarah war jetzt drei Monate alt. Katrin hatte gelesen, dass die ersten

Lebensmonate so entscheidend für die Bindung zwischen Mutter und Kind seien. Und sie? Was machte sie? Sie hatte sich für eine Auszeit mit zwei Kolleginnen entschieden, die sie nicht einmal kannte. Ein Stich fuhr durch ihr Herz. Sarah fehlte ihr. Wenn sie im Hotel war, würde sie gleich bei ihrer Mutter anrufen.

Eva, die Katrin aus dem Augenwinkel heraus beobachtete, fragte sich, was diese junge Frau wohl auf dem Herzen hatte. Ihr Instinkt sagte ihr, dass es nicht leicht sein würde, das Vertrauen dieser Kollegin zu gewinnen. Sie schien total verschlossen, wie sie da so saß und versonnen auf eine Mutter mit Kind blickte. Sicher vermisste sie ihr eigenes. Sie hatte sich noch nicht einmal getraut, Katrin zu fragen, ob sie ein Mädchen oder einen Jungen geboren hatte. Und das wollte schon was heißen, wenn sie sich da zurückhielt. Selber war sie ja nie verheiratet gewesen. Und Kinder? Daran hatte sie nie einen Gedanken verschwendet. Dafür war das, was sie in ihrer Kindheit erlebt hatte, einfach zu schrecklich gewesen. Ob sie Katrin beneidete für das, was sie nie gehabt hatte? Nein. Eigentlich nicht. Ihr Leben war doch ganz in Ordnung, so, wie es jetzt gerade lief.

Lisa war wohl die Einzige von den Dreien, die keinen trüben Gedanken nachhing. Sie sah die Fotos durch, die sie gerade gemacht hatte, und verschickte das Bild mit ihnen Dreien an Jan Krömer per SMS. Sie freute sich wahnsinnig auf die freien Tage mit den beiden Kolleginnen. Eva war ihr bereits ans Herz gewachsen und Katrin? Nun, sie gab es ungern zu, aber sie bewunderte Katrin jetzt schon. Sie war so schön und charismatisch. Etwas, was sie selber nie sein würde. Und doch wirkte Katrin irgendwie traurig. Ihre schönen braunen Augen sahen auf den Fotos so melancholisch aus. Sicher vermisste sie ihr Baby. Also, sie würde ja niemals verreisen, wenn sie ein Baby hätte, dachte Lisa. Ob da etwas nicht stimmte? Noch bevor sie weiter darüber nachgrübeln konnte, antwortete Jan Krömer, dass er total deprimiert sei und dass sie doch bitte aufhören solle, ihn mit Urlaubsfotos zu quälen. Typisch. Sie lachte und steckte das Handy in die Tasche.

Die Inselbahn hatte gehalten und die Menschen strömten mit ihrem Gepäck nach draußen.

»Wir müssen hier nur ein paar Straßen quer durch, dann sind wir schon am Strand und auch bei unserem Hotel«, sagte Lisa und lief voraus. »Ich habe mich im Vorfeld schon ein bisschen schlaugemacht, was es auf Borkum alles so gibt. Neben vielen Sport- und

Freizeitangeboten bin ich auch Wellness im Gezeitenland gestoßen, ich glaube, das würde uns verdammt gut tun. Von den vielen schönen Restaurants und Eiscafés mal ganz abgesehen.«

»Das hört sich verlockend an, Massage und Sauna und dazu Sonne und Strand im Überfluss«, erwiderte Eva. »Und abends gibt es zur Belohnung für die Anstrengungen gutes Essen und Wein.« Sie zog ihren Rollkoffer über den Bordstein und versuchte, nicht von anderen Gästen angerempelt zu werden.

Katrin lief schweigend mit ihrem Rucksack, den sie über eine Schulter gehängt hatte, hinter den beiden Frauen her.

Nach kurzem Fußweg hörten sie bereits das Rauschen, das vom Meer zu ihnen herüberdrang. Und dann sahen sie es auch.

»Atemberaubend«, rief Lisa aus. Sie breitete spontan die Arme aus. »Ich rieche das Salz, ihr auch?«

Sie ist so voller Lebensfreude, dachte Eva. Man konnte einfach nicht anders, als sich von dieser guten Stimmung anstecken zu lassen.

»Du hast recht, jetzt rieche ich es auch«, sagte sie und schmunzelte. Natürlich fehlte ihr als Insulanerin der Enthusiasmus, jetzt auch zu kreischen.

Katrin stand da und sagte nichts. Es würde harte Arbeit werden, diese junge schöne Frau aus ihrem Schneckenhaus zu locken.

»Da drüben, das ist unser Hotel.« Lisa zeigte auf einen großen Baukomplex mit heller Fassade. »Und wir haben diese drei Fenster da mit Blick aufs Meer.« Sie zeigte auf den zweiten Stock. »Ist das nicht herrlich. Lasst uns reingehen und einchecken.«

Sie erledigten die Formalitäten und gingen auf ihre Zimmer. Sie wollten sich in einer Stunde wieder unten im Foyer treffen, um ein wenig bummeln zu gehen.

## Alleine im Hotel

Katrin warf ihren Rucksack aufs Bett. Und am liebsten hätte sie sich gleich dazu gelegt und die Bettdecke über den Kopf gezogen. Wie hatte sie nur zustimmen können, diesen Ausflug mitzumachen. Sie vermisste Sarah. Ob sie bei ihrer Mutter anrufen sollte? Sie zog ihr Handy aus der Hosentasche und starrte auf das Display. Würde die Sehnsucht nicht noch größer werden, wenn sie jetzt Kontakt aufnahm. Es bestand durchaus die Gefahr, dass sie sich auf die nächste Fähre zurücksetzte, wenn ihre Mutter am Telefon heulte und womöglich auch noch Sarah dazu schrie. Doch das wollte sie den beiden Kolleginnen nicht antun. Sie waren wirklich nett. Total unterschiedliche Frauentypen. Lisa wirkte unscheinbar und fröhlich. Und doch kaufte Katrin ihr dieses Schauspiel nicht ab. Hin und wieder, wenn Lisa sich unbeobachtet gefühlt hatte während der Überfahrt, hatte sie ihre Stirn in Falten gezogen.

Und Eva? Nun, sie war eine gestandene Frau und Ermittlerin. Sie wirkte souverän und doch irgendwie verletzlich. Irgendwie wirkte sie wie eine Frau, bei der man sich an die Schulter lehnen und sein ganzes Elend ausheulen konnte. Doch dazu war Katrin noch nicht bereit.

Sie packte ihre wenigen Sachen, die sie mitgenommen hatte, aus, und verstaute sie im Badezimmer. Dann stieg sie unter die Dusche. Sie musste die quälenden Gedanken endlich loswerden. Es war doch nur ein Wochenende, das würde sie schon überstehen.

Lisa hatte ihre Sachen ausgepackt und ordentlich in die Schränke verstaut. Sie sah auf die Uhr. Bald war es Mittag. Wahrscheinlich würden sie gleich irgendwo einen Kaffee trinken und einen Salat essen. Vielleicht auch ein Eis. Und für den Abend würden sie sich ein schickes Lokal aussuchen.

Sie setzte sich auf den kleinen Sessel am Fenster und sah auf das offene Meer. Sie wünschte sich, Jan wäre hier. Es ließ sich mit ihm so gut schweigen. Irgendwie hatte sie das Gefühl, dass sie hier die Rolle der Entertainerin übernommen hatte. Und schließlich war es ja auch ihre Idee gewesen, hierher zu fahren. Also sah sie sich auch in der Verantwortung, dass es für alle drei ein unvergessliches Wochenende werden würde. Aber warum eigentlich? Sie stützte ihr Gesicht auf ihren angewinkelten Arm, der auf der Fensterbank lehnte. Sie war es nicht gewohnt, mit Frauen so viel Zeit zu verbringen. Im Grunde war Jan zum wichtigsten Gesprächspartner für sie geworden in der letzten Zeit. Wo sollten auch plötzlich Freundinnen herkommen, wenn sie immer nur mit ihrer Arbeit beschäftigt war und ansonsten zuhause rumhing? Als sie Eva kennen gelernt hatte, war diese ihr sofort sympathisch gewesen. Sie hatte so eine Art, die es einem leicht machte, ihr zu vertrauen. Doch, in Eva würde sie eine Freundin auf Dauer finden. Bei Katrin war sie sich da allerdings nicht so sicher, obwohl diese praktisch in ihrem Alter war. Doch sie wirkte so unnahbar.

Eva hatte sich als erstes rücklings aufs Bett fallen lassen, als sie die Zimmertür hinter sich ins Schloss fallen ließ. Worauf hatte sie sich da bloß wieder eingelassen? Natürlich waren die beiden Kolleginnen nett. Aber sie kam sich aufgrund ihres Alters irgendwie fehl am Platze vor. Sicher hätten die beiden jungen Frauen sich eine Menge zu erzählen, wenn nicht sie dabei gewesen wäre. Das war doch wieder typisch, schimpfte Eva mit sich selbst. Wieder machte sie sich kleiner, als es eigentlich nötig war. Würde Lisa sie für eine ältliche Langweilerin halten, dann hätte sie wohl kaum den Vorschlag zu diesem Wochenende gemacht. Verdammt, du musst an deinem Ego arbeiten, würde Jürgen jetzt wohl sagen. Sie schmunzelte in sich hinein. In Gedanken war er ihr bis auf Borkum gefolgt. Was er jetzt wohl gerade machte? Sollte sie ihn vielleicht anrufen und fragen, ob es einen Zwischenfall gegeben hatte

25

und sie somit dringend wieder zurückmusste? Sie verwarf den Gedanken sofort. Was sollte in den paar Stunden passiert sein? War sie gemein zu Jürgen gewesen, als sie ihn rüde an der Tür am Borkumkai zurückgewiesen hatte? Oh ja, das war sie. Aber sie war sich sicher, dass Jürgen auch gar nichts anderes von ihr erwartet hatte.

## Die Insel

Pünktlich trafen sich die Drei in der Hotelhalle.

»Wollen wir irgendwo schon was essen?«, fragte Lisa.

»Erst mal Kaffee«, meinte Eva. »Ich hab grad meinen tiefen Punkt.« Sie lachte. »Ich bin eben schon fast auf meinem Bett eingeschlafen.«

»Stimmt. Ich hab mich auch erst mal geduscht, um wieder fit zu werden«, sagte Katrin. Sie wirkte frisch und ausgeruht.

»Okay, dann lasst uns doch einfach ein wenig durch die Straßen bummeln und gucken, wo es uns gefällt«, schlug Lisa vor.

»Gute Idee«, stimmte Eva zu. »Und sicher finden wir auch ein schönes Restaurant, in dem wir heute Abend essen können.«

»Bestimmt. Was würdet ihr denn gerne essen?«, fragte Lisa, als sie bereits auf den Ausgang zuliefen.

»Alles außer Pizza«, sagte Eva lachend. Es konnte ja niemand ihren Witz verstehen, nämlich, dass sie mit Jürgen mindestens dreimal die Woche zum Italiener ging. Vielleicht würde sie heute Abend ein wenig darüber erzählen.

»Mir ist es eigentlich egal«, sagte Katrin, »ich esse

meistens sowieso nur Salat.« Das war ja klar, dachte Eva neidisch. Wäre sie doch auch nur so willensstark.

Sie schlenderten an den vielen ansprechenden Cafés, in denen sich schon viele Gäste einen Tisch gesucht hatten, entlang. Es gab wohl viele Menschen, die eine Affinität zu den ostfriesischen Inseln hatten, dachte Eva. Und hier auf Borkum tobte im wahrsten Sinne des Wortes das Leben. Aber Langeoog war eben Langeoog und tauschen wollen würde sie nicht. Das mochte auch am Alter liegen. Ihr gingen die vielen Menschen schon ein wenig auf die Nerven. Und dann die Kinder, die lautstark ihre Wünsche äußerten beziehungsweise brüllten ohne jegliche Rücksicht auf andere.

Schließlich fanden sie einen freien Tisch und setzten sich. Sie bestellten jeder ein Kännchen Kaffee und einen großen Eisbecher.

Da die Urlauber jede Menge Abwechslung boten, löffelten sie ruhig und genossen jede auf ihre Weise das Bad in der Menge.

»Puh, das war sehr lecker, aber hatte auch verdammt viele Kalorien«, sagte Lisa schließlich. »Ich glaube, ich brauche gleich ein wenig Bewegung. Wie wäre es mit einem Strandspaziergang?«

»Unbedingt«, stimmte Eva zu. »Und da ist es vielleicht auch etwas ruhiger.«

Katrin nickte. »Finde ich eine gute Idee.« Mehr sagte sie nicht.

Sie hat noch nicht ein Wort über ihr Baby verloren, wunderte sich Eva. Wie war das möglich? Jede junge Mutter erzählte doch den ganzen Tag von jedem Wimpernschlag, den der Nachwuchs tat. Wieso hatte dieses Kind Katrin zum Schweigen gebracht?

Sie zahlten und machten sich auf den Weg Richtung Strand. Es war erstaunlich, wie ruhig drei Frauen sein konnten. Waren sie eine besondere Spezies unter ihresgleichen, nur weil sie Ermittlerinnen waren? Forderte der Alltag einfach alles von ihnen, so dass sie nur noch Ruhe suchten? Oder gab es einfach zu viele Dinge, über die sie gerne gesprochen hätten, aber anderen damit nicht zur Last fallen wollten? Jede von ihnen hing ihren Gedanken nach. Vielleicht wurde man grüblerisch, wenn man sich überwiegend mit menschlichen Problemen herumschlug in seinem Job.

»Da würde man doch wirklich am liebsten die Schuhe ausziehen und barfuß laufen«, sagte Lisa, als sie am Wasser entlang gingen.

»Und warum tust du es nicht?«, fragte Eva.

Sofort streifte Lisa ihre Turnschuhe ab und grub ihre Füße in den Sand. Die Sonne stand hoch am Himmel und wärmte phantastisch.

»Ich beneide euch beide«, sagte Lisa.

»Worum?«, fragte Katrin.

»Na, ihr seid so schön braun. Ich kann noch so lange in die Sonne gehen, ich bleibe immer blass.«

»Das ist typbedingt«, mischte sich Eva ein und blinzelte sie an. »Aber so blass bist du nun auch nicht.«

»Ach, meistens bin ich einfach nur krebsrot im Sommer«, lachte Lisa. »Und deshalb geh ich in der Regel auch gar nicht so viel raus.«

»Tja, jeder so, wie er mag«, meinte Eva. »Ich erledige meine Arbeit auf der Insel allerdings gerne unter freiem Himmel.«

»Da könnte man neidisch werden.« Lisa hielt ihre Fußspitze in die Gischt. »Das Wasser ist aber noch ganz schön kalt«, sagte sie und zog ihn schnell zurück.

»So ein Wochenende am Strand wäre doch sicher auch etwas für dein Baby«, sagte Eva und sah verstohlen zu Katrin. Sie hatte sich einfach nicht länger zurückhalten können.

»Oh bestimmt«, sagte Katrin. »Sie hätte sicher ihren Spaß.« Aha, es war also ein Mädchen.

»Wie heißt die Kleine eigentlich?«, fragte Eva, wenn man schon mal beim Thema war.

»Sarah.« Ein Lächeln umspielte Katrins Mundwinkel.

»Ein sehr schöner Name.«

»Danke.«

Das war's dann aber auch schon. Eva spürte, dass aus Katrin nicht mehr herauszubekommen war. Und Lisa hatte sich ganz aus dem Thema rausgehalten, warum auch immer. Es war schon eigenartig, dachte Eva. Irgendetwas läuft hier unterschwellig ab. Und ich werde auch noch herausbekommen, was das ist.

Sie schlenderten noch eine Weile am Strand entlang und spazierten anschließend durch die belebten Straßen. Dabei entdeckten sie ein nettes Restaurant mit gutbürgerlicher Küche, das für den Abend sogar noch einen Tisch frei hatte. Gegen siebzehn Uhr gingen sie schließlich auf ihre Zimmer, um sich noch ein wenig auszuruhen.

## Der erste Abend

Katrin hatte sich für den Abend ganz in Schwarz gehüllt. Sie trug eine Jeans und eine leichte Bluse. Durch den Tag an der frischen Luft schien ihr gebräunter Teint makellos. Eva sah sie bewundernd an.

»Weißt du Lisa, neben Katrin sehen wir beide schon ein wenig leidenschaftslos aus.« Sie knuffte Lisa am Arm.

»Ja, du hast recht Eva. Wir werden es schwer haben bei der Männerwelt.« Lisa seufzte theatralisch.

»Nun hört aber auch«, lachte jetzt auch Katrin. »Ich hab doch nur eine stinknormale Jeans an. Meint ihr wirklich, dass Männer auf so etwas fliegen.«

Eva fiel der Film »Die Frau in Rot ein«. Diese Rolle wäre Katrin wie auf den Leib geschrieben.

»Kommt, lasst uns losgehen«, sagte Lisa. »Ich habe einen großen Hunger.«

»Das kommt bestimmt von der Seeluft«, entgegnete Katrin, die wesentlich lockerer als noch vor ein paar Stunden wirkte.

Sie kehrten in das Restaurant ein, in dem reger Betrieb herrschte.

»Gut, dass wir bestellt haben«, meinte Lisa. »Da hätten wir jetzt kein Glück mehr gehabt.«

Sie setzten sich und steckten ihre Nase in die Speisekarte. Katrin hatte schnell gewählt. Einen großen Salat mit Brot. Eva entschied sich für einen Fischteller und Lisa bestellte sich überbackenen Schafskäse und einen Salat.

Dazu bestellten sie eine Flasche Weißwein und Wasser.

»Auf uns!« Eva erhob ihr Weinglas und prostete ihren Kolleginnen zu. Sie stießen an. Die Stimmung war schön. Als das Essen kam, waren sie bereits bei einer Charakterstudie zu Kommissar Guntram angelangt. Der Wein hatte Katrins Zunge gelockert. Oder vielleicht war es auch einfach das schöne Ambiente. Auf jeden Fall schilderte sie in leuchtenden Farben seine Stärken als Ermittler und vor allem seine Schwächen als alter Brummbär und Kollege.

»Ihr könnt euch nicht vorstellen, was ich mit ihm schon alles mitgemacht habe«, sagte Katrin.

»Aber er scheint auch ein echter Freund zu sein«, stellte Eva fest.

Katrin nickte. »Doch, da kann ich mich nicht beklagen. Wenn man sich auf jemanden verlassen kann, dann auf Jochen.«

»Aber kann das nicht auch anstrengend werden, wenn der Chef praktisch auch dein bester Freund ist?«, fragte Lisa skeptisch.

»Na klar«, antwortete Katrin. »Man ist emotional immer mittendrin.«

»Das ist doch bei dir und Jan aber genauso«, meinte Eva, die die beiden ja in Aurich schon erlebt hatte.

»Ja«, gab Lisa zu. »Deswegen finde ich es auch so spannend, was Katrin da erzählt. Vielleicht geht es am Ende allen gemischten Ermittlerpaaren so. Da hast du es vielleicht gut getroffen, so alleine auf der Insel.«

Eva fühlte sich ertappt. Von wegen alleine. Aber sollte sie den Kolleginnen von Jürgen und seinen Ermittlerfähigkeiten berichten? Aber ja, entschied sie. Und wenn es schon alleine deswegen war, weil sie den anderen in nichts nachstehen wollte. Sie war nicht allein.

»Also, ich erzähl euch jetzt was ...« Eva hielt verschwörerisch ihr Weinglas in die Höhe. Die beiden anderen sahen sie neugierig an. »Ich bin ja gar nicht so alleine auf Langeoog, ich habe nämlich ... also, ihr habt ja den Mann gesehen, der mich nach Emden gebracht hat.«

Lisa nickte. »Ja, hab ich. Es sah komisch aus, wie ihr euch da am Eingang gestritten habt. Wie ein altes Ehepaar.« Sie kicherte.

»Na, ganz so schlimm ist es ja nicht.« Eva nahm einen Schluck Weißwein. »Jürgen leitet die Touristinfo auf Langeoog.«

»Aha. Aber den Zusammenhang zur Polizeiarbeit verstehe ich da nicht ganz«, meinte Lisa.

»Ist auch gar nicht so einfach. Aber als ich 2014 nach Langeoog kam, da war er praktisch der Erste, mit dem ich mich ein wenig anfreunden konnte. Und seitdem mischt er bei den Ermittlungen immer mit.«

Katrin machte ein fragendes Gesicht. »Du meinst, er arbeitet auch für die Polizei?«

Eva schüttelte den Kopf. »Nicht offiziell jedenfalls.«

»Das ist ja witzig«, meinte Lisa. »Was sagen denn die Osnabrücker dazu?«

»Das weiß doch keiner«, flüsterte Eva verschwörerisch. »Und ich muss euch bitten, das auch für euch zu behalten.«

»Von mir erfährt niemand was«, meinte Katrin. »Das würde mir sowieso keiner glauben.« Sie lachte und schenkte für alle noch einmal Wein nach. »Ich hoffe, dein Kollege ist ordentlich angestellt, Lisa.«

»Jan? Natürlich. Er ist ja der Leiter in Aurich.«

»Kann ich bestätigen, ich habe ihn schon im letzten Winter kennen gelernt«, sagte Eva. »Ein ausgesprochen gutaussehender Ermittler, wenn ihr mich fragt. Lisa, du bist echt zu beneiden.«

Lisa lief dunkelrot an und räusperte sich. »Wir arbeiten wirklich gut zusammen«, sagte sie.

»Und sonst? Nicht ein klein wenig in den Chef verliebt?«, neckte Eva.

Lisa schüttelte entschieden mit dem Kopf. »Auf gar keinen Fall. Aber ich weiß natürlich, wie er auf Frauen wirkt, liebe Eva. Das ist mir nicht entgangen, als du bei uns warst.«

Gut gekontert, dachte Eva und auch ihr stieg die Röte ins Gesicht.

»Es ist auch besser, wenn man mit Kollegen nichts anfängt«, sagte sie schnell. »Oder läuft da etwa etwas zwischen dir und Guntram?« Sie wandte sich Katrin zu. Irgendjemand musste ja schließlich der Vater von Sarah sein. Warum nicht ihr Chef.

Katrin dachte einen Moment nach. »Das kann ich gar nicht so genau sagen. Wir mögen uns sehr. Und ich glaube, am Anfang, da hat er vielleicht sogar gehofft, dass da mehr sein könnte. Aber ich ... er ist für mich wirklich mehr ein sehr sehr guter Freund.«

»Und, weiß er das?«, hakte Eva nach.

»Ich denke schon. Es gibt ja Dinge, die muss man nicht unbedingt aussprechen, um sie zu verstehen.«

Jetzt oder nie, dachte Eva und nahm ihren ganzen Mut zusammen.

»Wer ist eigentlich der Vater von Sarah?«, fragte sie frei heraus und plötzlich herrschte eine befremdliche Stille am Tisch.

Lisa fing sich als erstes. »Es gibt ja viele Frauen heutzutage, die ihre Kinder ohne Vater großziehen. Das ist doch keine große Sache mehr.«

»Nein, auf gar keinen Fall«, stimmte Eva schnell zu. Sie war übers Ziel hinausgeschossen und hatte vielleicht den ganzen Abend kaputtgemacht mit ihrer forschen Art.

»Ist schon okay«, sagte Katrin schließlich. »Es ist nur so ... die Sache ist kompliziert.« Sie schenkte sich Weißwein nach und trank das Glas in einem Zug leer.

Das Thema »Vater von Sarah« war erst mal vom Tisch.

Sie bestellten sich eine weitere Flasche Wein und suchten nach anderen, hoffentlich unverfänglicheren, Themen.

»Was war denn eurer schwerster Fall?«, fragte Eva und sah Lisa an.

»Hm ... vielleicht der Letzte mit dem Fallensteller«, meinte Lisa. »Das hat ganz schön an den Nerven gezehrt, bis wir den Täter endlich geschnappt hatten. Und das

Ganze fing ja mit dem Tod eines kleinen Mädchens an. Sowas ist immer das Schlimmste, finde ich, wenn Kinder involviert sind.«

»Vollkommen richtig. Kinder, das geht gar nicht.« Eva lallte ein wenig. Sie wünschte sich in diesem Moment nichts sehnlicher als ihr Sofa. Freundschaften konnten verdammt anstrengend sein.

»Außerdem hat mich der Täter gekidnappt«, sagte Lisa, als sei es das Selbstverständlichste auf der Welt.

»Dich?«, fragte Eva erschrocken. »Das gibt es doch nicht.«

»Doch doch ... und ich glaube, ich wäre schon tot, wenn Jan mich nicht gefunden hätte.«

»Meine Güte. Das hab ich auch noch nicht erlebt. Zum Glück, muss ich wohl sagen. Das Schlimmste, was ich erlebt habe, mit Jürgen natürlich, ist wohl die Sache mit dem Bestattungsunternehmen oder vielleicht doch die Sache mit Schneewittchen ...«

»Schneewittchen ...«, wiederholte Lisa lachend. Eva hatte ihr von dem Mörder mit der Vorliebe für goldene Ringe erzählt. Die Stimmung pegelte sich wieder ein.

Eva nickte. »Ja, das war mein erster Fall auf Langeoog, da habe ich wirklich mein ganzes Herzblut reingesteckt.«

Lisa und Eva sahen zu Katrin. Sie hatte sich die ganze Zeit aus der Unterhaltung herausgehalten. Offensichtlich hatte ihr die Frage nach dem Kindsvater ordentlich die Stimmung vermiest.

Katrin spürte, dass zwei Augenpaare auf ihr ruhten.

»Ach, in Leer ist es wohl nicht so spannend wie bei euch«, sagte sie schnell. »Die meisten Morde passieren aus völlig nachvollziehbaren Gründen.«

»Also pragmatische Täter in Ostfriesland«, stellte Eva fest.

Plötzlich mussten alle drei aus vollem Halse lachen. Die ganze Anspannung brach sich Bahn.

»Noch eine Flasche bitte.« Eva winkte mit der leeren Weißweinflasche in Richtung Ober.

»Meine Güte, so viel trinke ich sonst das ganze Jahr nicht«, sagte Lisa lachend.

»Dann bist du ja auch nicht mit mir unterwegs«, feixte Eva. »Also Jürgen und ich, wir trinken viel Wein, und zwar sehr guten. Das ist schon sehr gemütlich, wenn wir uns aufs Sofa ...« Fast hätte sie kuscheln gesagt und konnte sich gerade noch ausbremsen.

»Ihr verbringt auch Zeit in euren Privatwohnungen miteinander?«, fragte Lisa erstaunt.

»Na klar. Jürgen hat vor kurzem sogar für ein paar Wochen bei mir gewohnt. Aber ich sag euch, das ging gar nicht. Überall lagen seine Socken herum.«

»Wow«, meinte Lisa. »Also, ich bin ja auch schon bei Jan in der Wohnung gewesen. Aber dass er bei mir einzieht, das kann ich mir nun wirklich nicht vorstellen. Genauso wenig, wie umgekehrt übrigens.«

»Es hatte auch sehr pragmatische Gründe, das muss ich zugeben«, sagte Eva nachdenklich. »Es war nämlich so, dass ...« Sie vollendete den Satz nicht und die beiden anderen sahen sie erwartungsvoll an.

»Nun sag schon«, forderte Lisa. »Jetzt wollen wir auch alles wissen.«

Tja, das kommt davon, wenn man eine große Klappe hat, Eva Sturm. Sie bereute irgendwie, damit herausgeplatzt zu sein. Denn jetzt musste sie auch erzählen, warum Jürgen eigentlich bei ihr eingezogen war.

»Na ja«, begann sie, »ich habe Drohbriefe erhalten.« Jetzt war es also raus.

»Drohbriefe?«, wiederholte Lisa. »Und worum ging es dabei?«

»Das weiß ich eigentlich gar nicht. Es waren immer nur kurze Nachrichten wie *Ich sehe Dich* und ähnliches.

Meistens als E-Mail, aber manchmal auch als Brief zugestellt.«

»Unfassbar ...« Lisa setzte ihr Weinglas an die Lippen.

»Tja, und als dann auch noch ein Strauß Blumen in meiner Wohnung stand, als wir von einem Landeinsatz zurückkamen, Jürgen und ich, da habe ich dann schon Panik bekommen.«

»Blumen? In deiner Wohnung?« Lisa wirkte fassungslos. »Also, da hätte ich aber auch Angst bekommen. Weißt du denn jetzt wenigstens, wer dich da belästigt hat?«

Eva schüttelte den Kopf. »Nein, bisher nicht. Aber Jürgen ist wieder ausgezogen. Mir ging seine Unordentlichkeit auf die Nerven.« Sie versuchte zu lachen, um die Stimmung wieder zu drehen. Es misslang.

»Das heißt, die Nachrichten bekommst du immer noch?«, fragte Lisa nach.

»Ja. Immer noch.« Eva war kurz davor loszuheulen.

Lisa griff nach ihrer Hand. »He, es gibt überall Verrückte. Und gerade in unserem Job ist das doch keine große Neuigkeit. Wir haben es doch ständig mit verdrehten Typen zu tun. Und der ein oder andere meint dann sicher, dass er eine Polizistin, also eine Frau, einschüchtern kann.«

»Ja sicher. Ich versuche ja auch, damit irgendwie klarzukommen. Aber als die Blumen in meiner Küche standen, da wäre ich fast verrückt geworden.« Eva machte ein verzweifeltes Gesicht.

»Mensch, und ich dachte schon, mir geht's Scheiße«, sagte Lisa.

»Wieso? Bekommst du etwa auch Briefe?«

Lisa schüttelte mit dem Kopf. »Nein, das nicht. Aber Anrufe ... bei mir sind es anonyme Anrufe.«

Eva nahm die Hand der jungen Frau, die plötzlich zitterte. Sie war wie immer diejenige, die Stärke zeigen musste.

»Worum geht es denn dabei?«, fragte sie die junge Kollegin. »Was sagt der Anrufer denn? Bedroht oder beleidigt er dich?«

»Weder noch«, sagte Lisa bekümmert. »Er sagt gar nichts. Ich höre nur sein Atmen.«

Eva schluckte. »Das ist ja ekelhaft.«

»Meistens ist es spätabends oder sogar in der Nacht. Ich traue mich manchmal gar nicht mehr, ans Telefon zu gehen.«

»Ändere doch deine Nummer.«

Lisa lachte bitter auf. »Das habe ich doch schon mindestens dreimal gemacht. Und trotzdem geht es immer weiter. Irgendwie bekommt das Schwein die Nummer immer raus.«

Eva strich ihrer Kollegin über die Schulter. »Wie lange geht das denn schon?«

»Ach, bestimmt zwei Jahre.«

Jetzt war Eva schockiert. Zwei Jahre! Unfassbar. Und sie flippte nach ein paar Monaten schon aus. Was war, wenn diese Nachrichten an sie nie wieder aufhörten?

»Meine Güte«, sagte Eva. »Es gibt so viele kranke Typen auf der Welt.«

»Das kannst du laut sagen. Als wenn wir im Job nicht schon genug damit zu tun hätten. Die könnten uns doch wenigstens privat in Ruhe lassen.« Lisa hatte sich wieder gefangen und wischte mit ihrem Ärmel unter ihren Augen entlang. »Sorry, ich benehme mich hier wie ein kleines Kind«, sagte sie entschuldigend.

»Ach was«, wiegelte Eva ab. »Wozu sind Freundinnen denn da.«

Erst jetzt war den beiden aufgefallen, dass Katrin die ganze Zeit nur still zugehört hatte. Nicht ein Sterbenswörtchen war über ihre Lippen gekommen. Wäre es nicht normal gewesen, wenn sie wenigstens ein wenig Empathie gezeigt hätte?

»Du scheinst wohl Glück gehabt zu haben bisher, Katrin«, sagte Eva und sah die undurchsichtige Schönheit geradeheraus an.

»Das täuscht«, sagte Katrin leise und Tränen liefen über ihre Wangen.

»Um Gottes willen, Katrin.« Sie strich ihr über den Arm. »Können wir dir irgendwie helfen? Sag doch was.«

»Sarah«, sagte Katrin und schnäuzte sich.

»Sarah?«, wiederholte Eva. »Was ist mit Sarah? Ich verstehe nicht ...«

»Ich weiß nicht, wer der Vater ist«, sagte Katrin teilnahmslos. Jetzt war es endlich raus. Sie hätte nicht gedacht, dass es so leicht hätte sein können. Wie lange trug sie dieses dunkle Geheimnis schon mit sich herum. Außer ihren Kollegen Jochen Guntram und Mathias Sanders wusste niemand davon. Sie tat vor anderen immer so, als ginge das niemanden etwas an. Man respektierte es.

»Du weißt nicht, wer der Vater von Sarah ist?«, fragte jetzt auch Lisa. »Katrin, ich will dir nicht zu nahe treten, das weißt du sicherlich, aber wie kann denn so etwas sein?« Ihre eigenen Ängste waren mit einem Mal wie weggewischt, fühlten sich geradezu lächerlich an.

»Es ist etwas mit mir passiert«, sagte Katrin und sah den beiden Frauen nacheinander ins Gesicht. »Man hat mir wohl K.-O.-Tropfen gegeben und mich dann vergewaltigt.«

»Oh mein Gott!« Eva schlug ihre Hand vor den Mund. »Welches Schwein macht denn so etwas?«

Katrin zuckte mit den Schultern. »Passiert das nicht ständig? Nur, dass dann in der Regel andere betroffen sind. Aber das einem selber mal so etwas passieren könnte, damit rechnet doch niemand.« Sie griff nach ihrem Weinglas. Mit einem Schlag waren alle drei wieder stocknüchtern geworden.

»Das ist ja wirklich harter Tobak«, meinte Lisa. »Es tut mir so leid für dich ...«

»Danke.« Katrin lächelte dankbar. »Ich hätte nicht gedacht, dass es so einfach sein könnte, mit euch darüber zu reden. Ich trage das schon so lange mit mir herum. Ich wusste am Anfang ja nicht einmal, ob ich das Kind überhaupt behalten will.«

»Das kann ich mir vorstellen.« Lisa nahm einen großen Schluck Wein. »Und wie siehst du die Sache jetzt? Ich meine, jetzt wo Sarah da ist?«

»Ich weiß nicht ... es ist immer noch etwas zwischen mir und dem Baby«, antwortete Katrin ehrlich. »Jeden Tag frage ich mich, wem sie eigentlich ähnlich sieht außer mir.«

»Darf ich dich was fragen?«, sagte Eva. Katrin nickte. »Also, ich meine, Leer ist auch nicht gerade Berlin. Wie kann es denn sein, dass niemand davon weiß außer deinen Kollegen?«

»Es ist ja nicht in Leer passiert«, antwortete Katrin. »Es war, als ich mir eine Auszeit in München genommen habe. Ich war bei einer Freundin, und als wir abends unterwegs waren, da ...« Sie vollendete den Satz nicht, aber jeder wusste, worum es ging.

»Eine Auszeit?«, fragte Eva.

»Ja, ich musste einfach mal raus. Mir wurde alles zu viel, die Sache mit Jochen und überhaupt.«

Eva sah sich in ihren Vermutungen bestätigt. Katrin war die geheimnisvolle Schönheit mit den Abgründen, von denen sie und Lisa keine Ahnung hatten.

»Hätte ich gewusst, dass es in München dann noch viel Schlimmer kommt, wäre ich sicher nicht gefahren.« Sie lachte bitter auf.

»He, das kann niemand vorhersagen«, tröstete Eva. »Dinge, die passieren sollen, die werden auch geschehen. Darauf haben wir überhaupt keine Einflussmöglichkeit.«

»Das beruhigt mich jetzt nur bedingt«, meinte Katrin.

»Schon klar.«

»Jochen hat dann versucht, den vermeintlichen Täter zur Rechenschaft zu ziehen und ist nach München gefahren.«

»Du hattest einen Verdacht?«, fragte Eva verblüfft. Schließlich hatte Katrin eben noch berichtet, dass man sie betäubt hatte.

»Nur einen vagen«, gab Katrin zu. »Ich hatte in München einen Therapeuten aufgesucht ... es sah alles danach aus, dass er hinter der Sache steckte. Wir können von Glück sagen, dass Jochen ihn nicht umgebracht hat. Er war es nämlich nicht.«

»Meine Güte. Da tun sich ja wirklich Abgründe auf. Ich kann gut verstehen, dass es dich innerlich zerreißt, wenn du deine kleine Tochter siehst«, sagte Eva mitfühlend.

»Danke.« Katrin schien wirklich erleichtert, alles einmal gesagt zu haben. »Ich weiß ja, dass die Kleine nichts dafür kann. Aber wie soll man so etwas nur vergessen können? Manchmal wünschte ich, ich könnte einfach alle Erinnerungen löschen und von vorne anfangen.«

»Ein guter Plan. Dann wäre das Leben um ein Vielfaches leichter«, stimmte Eva zu. »Wisst ihr was, wir nehmen uns jetzt noch eine Falsche Weißwein mit und gehen damit auf mein Zimmer.«

Das Restaurant wurde langsam leerer und es war ihr auch nicht mehr danach, noch weiter in der Öffentlichkeit zu bleiben.

Auch Lisa und Katrin hielten das für eine gute Idee.

»Ich komme mir so albern wegen der Anrufe nach allem, was du erlebt hast, Katrin«, sagte Lisa, als die drei Frauen nach einem kurzen Umweg am Strand schließlich auf Evas Zimmer angekommen waren und lang auf dem Bett lagen. Eva hatte drei Gläser von der Minibar geholt und eingeschenkt.

»Wir haben alle unser Päckchen zu tragen«, antwortete Katrin. »Es geschieht so viel Unrecht auf der Welt. Wie kommen wir eigentlich darauf, dass man ausgerechnet uns verschont? Nur, weil wir bei der Polizei arbeiten? Das wäre doch etwas zu naiv gedacht, oder?«

»Da gebe ich dir sofort recht«, sagte Eva. »Wir glauben immer, wir seien unverwundbar, nur weil wir auf der richtigen Seite stehen. Aber eine Garantie ist das nicht.«

»Manchmal habe ich richtig Angst, wenn ich alleine in meiner Wohnung bin.« Lisa angelte nach ihrem Weinglas. »Jan weiß das auch und er steht mir dann bei.«

»Wir haben alle Angst«, sagte Eva. »Doch wir dürfen uns von ihr nicht verrückt machen lassen. Und deshalb habe ich Jürgen auch gebeten, wieder auszuziehen. Ich meine, es geht doch nur um ein paar Briefe von einem Unbekannten.«

»Er war bei dir in der Wohnung ...« Lisa trank einen Schluck.

»Ich weiß.« Auch Eva griff jetzt nach ihrem Glas.

»Glaubt ihr, dass ich meinen Teil der Angst jetzt schon erfüllt habe, der mir zusteht?«, fragte Katrin nachdenklich. »Ich meine, dann könnte ich ja jetzt beruhigt sein.« Sie lachte kurz auf.

»Du hast völlig recht Katrin, wenn du versuchst, dich nicht unterkriegen zu lassen«, ermunterte Eva. »Und so schrecklich das Ganze auch bestimmt für dich ist, du hast jetzt eine kleine Sarah, die du vor den Gefahren da draußen beschützen musst.«

»Danke«, flüsterte Katrin. »Ich bin so froh, dass ich euch getroffen habe.«

Es wurde still im Raum. Sie zogen die Bettdecke über sich und ließen die Angst einmal Angst sein.

## Der nächste Morgen

Lisa war die Erste, die wieder aufwachte, und schlich sich auf Zehenspitzen um kurz nach fünf auf ihr Zimmer.

Es war so komisch. Vor nicht einmal vierundzwanzig Stunden waren sie sich als völlig Fremde begegnet und jetzt lagen sie zusammen in einem Bett. Angst schweißte offensichtlich zusammen. Und das, was Katrin da erzählt hatte, war die Horrorgeschichte schlechthin. Was waren das für Schweine, die so etwas mit Frauen machten? Sie würde den Kerl höchstpersönlich erschießen, wenn er ihr über den Weg lief. Doch bei allem Mitgefühl mit Katrin wurde sie die Angst zu ihrem anonymen Anrufer nicht los. Es gab keine Skala der Angst. Eine, die weniger schlimm war. Angst machte immer unsicher und verletzlich.

Lisa hatte sich noch in ihr einsames kaltes Bett gelegt und konnte doch nicht mehr einschlafen. Sie grübelte darüber nach, wie man das, was Katrin erlebt hatte, überhaupt in den Alltag übertragen konnte. Wäre sie ähnlich taff wie Katrin gewesen? Neun Monate der Unsicherheit. Und dabei auch noch arbeiten. Also wirklich, von der Kollegin in Leer konnte man sich eine Scheibe abschneiden. Und doch hatte es ihr offensichtlich gut getan, einmal über alles zu reden. Wozu waren Freundinnen denn da.

Um kurz nach sechs hielt Lisa es nicht mehr im Bett aus und stellte sich unter die Dusche. Das warme Wasser spielte mit ihrer Haut. Sie musste aus irgendeinem Grund an Jan denken.

Nebenan wurde als nächstes Katrin wach. Sie setzte sich im Bett auf und fragte: »Wo bin ich?«

Eva linste unter der Bettdecke hervor, die sie sich wie immer bis über die Ohren gezogen hatte. »Ich glaube, wir sind nicht im Himmel«, säuselte sie. »Dann hätte ich nämlich nicht so derbe Kopfschmerzen.«

Katrin lachte und auch Eva kroch unter der Decke hervor.

»War ein schöner Abend«, sagte Katrin und Eva hielt das zunächst für einen Scherz. Doch die Kollegin meinte es ernst. »Ich habe in euch zwei wirkliche Freundinnen gefunden, das hat mir sehr geholfen.«

Jetzt war es Eva, die die Tränen kaum noch zurückhalten konnte. Sie nahm Katrin einfach in den Arm und erdrückte sie fast mit ihren Emotionen.

»Du kannst dich jederzeit bei mir melden«, sagte Eva und schluckte einen dicken Kloß herunter. »Das meine ich todernst.«

»Ich nehme dich beim Wort«, sagte Katrin und löste sich aus der Umklammerung. »So, und jetzt werde ich auf mein Zimmer gehen und mich frisch machen. Bald gibt es Frühstück.«

Sie stand auf und schloss kurz darauf die Tür hinter sich.

Jetzt war Eva wieder alleine in ihrem Bett.

Und da sie jetzt mit irgendjemandem sprechen musste, rief sie Jürgen an.

»Eva? Ist was passiert?« Kam es vom anderen Ende.

»Das kann man wohl sagen. Guten Morgen, Jürgen.«

»Weißt du eigentlich, dass es noch nicht einmal acht ist?«

»Ich musste mit jemandem sprechen, tut mir leid.«

»Schon okay. Worum geht es denn?«

»Das kann ich nicht sagen.«

»Hä? Und warum rufst du dann an, wenn du nichts sagen kannst?«

»Ich weiß nicht. Vielleicht musste ich nur mal eine vertraute Stimme hören.«

»Okay. Wie ist das Wetter denn auf Borkum. Also, hier ist es schon wieder sehr schön auf Langeoog.«

»Das Wetter? Keine Ahnung. Ich liege noch im Bett. Außerdem habe ich einen schweren Kopf.«

»Verstehe. Wenn man Frauen mal die lange Leine gibt.« Er kicherte Eva ins Ohr.

»Alter Chauvi«, stieg Eva auf seine Provokation ein. »Aber ich glaube, das war wirklich ein Gläschen zu viel. Auch wenn der Wein sehr gut war.«

»Also hattet ihr einen schönen Abend?«

»Wie man's nimmt.«

»Boah, werd' einer aus den Frauen schlau. Du kannst mir ja alles erzählen, wenn du wieder da bist. Ich muss jetzt nämlich in die Touristinfo, weil wir eine neue Lieferung Postkarten bekommen haben, die jetzt einsortiert werden müssen. Touristen schreiben doch so gerne, wenn sie Urlaub machen.«

»Na, dann wünsche ich dir einen erfolgreichen Tag«, sagte Eva und sie legten auf.

Jetzt stieg Eva beschwingt aus dem Bett und ging ins Bad. Was so eine nette Unterhaltung doch ausmachen konnte.

Lisa hatte sich nach der Dusche wieder aufs Bett gelegt und sich durchs Fernsehprogramm gezappt. Sie wunderte sich über die Belanglosigkeiten, die dort geboten wurden. Zuhause sah sie eigentlich nie fern.

Katrin hatte, nachdem sie geduscht hatte, ihre Mails an ihrem Laptop gecheckt. Ihre Schwester hatte ihr eine

Nachricht mit einem Bild von Sarah geschickt. Die Kleine lag mit hochroten Wangen putzmunter in ihrem Tragekorb. Sicher war sie gerade gefüttert und gewickelt worden, als die Aufnahme gemacht wurde. Ein Stich fuhr durch Katrins Herz. Sie hätte jetzt nichts lieber getan, als die Kleine im Arm zu halten. Der gestrige Abend hatte ihre Gefühle verändert. Auf welche Weise, das konnte sie jetzt noch gar nicht so genau sagen.

Um kurz nach acht trafen sich die Drei dann unten im Frühstücksraum des Hotels.

»Brummt euch auch der Schädel?«, fragte Eva und suchte sich ein paar Sachen am Büffet zusammen, obwohl ihr der Sinn eigentlich nur nach Kaffee stand. Aber wenn man schon etwas vorgesetzt bekam.

»Also, ich hab kein Kopfweh«, sagte Lisa munter. »Aber ich hab auch wohl keine Veranlagung dazu. Eigentlich hab ich nie welches.«

»Du hast es gut«, seufzte Eva. »Ich brauch nur ein Schlückchen zu viel und ich quäle mich den ganzen Tag mit einem Wagenrad herum.«

»Schlückchen ist aber wohl leicht untertrieben«, stellte Katrin lachend fest. Sie wirkte wesentlich gelöster als gestern. Der Abend hatte allen gut getan.

»Und was machen wir heute?«, fragte Lisa, als sie alle am Tisch saßen.

»Wir könnten uns einen Strandkorb mieten und die Seele baumeln lassen«, schlug Katrin vor.

»Eine prima Idee«, stimmte Eva zu. »Ich habe auch schon lange nicht mehr in meinem Buch gelesen.«

»Was liest du denn zurzeit?« Lisa sah sie interessiert an.

»Einen Fantasyroman, so ein Ding mit Feen und Elfen.«

»Tatsächlich? Sowas habe ich noch nie gelesen. Ich stehe mehr auf Krimis und real Life.«

»Real Life habe ich schon genug«, lachte Eva. »Wenn ich entspannen will, darf es ruhig ein wenig unrealistisch sein. Liest du auch, Katrin?«

Die beiden sahen jetzt zu ihrer Kollegin, die versonnen auf ihre Zeitung sah.

»Was? Meint ihr mich?« Verwirrt sah Katrin auf, als das Gespräch am Tisch erstarb.

»Ja, wir meinen dich. Was ist denn da so interessant?« Eva tippte auf die Zeitung.

»Ach, eigentlich das Übliche. Aber ihr habt mich gerade etwas gefragt, oder?«

»In der Tat. Wir haben beschlossen, es uns am Strand gemütlich zu machen ...«, sagte Eva.

»Das habe ich noch mitbekommen«, sagte Katrin lachend. »So weggetreten war ich nun auch wieder nicht.«

»Okay. Und dann haben wir uns über Bücher unterhalten, in denen wir gerade lesen. Hast du auch eines dabei?«

»Ein Buch? Nein, da muss ich leider passen. In der Regel komme ich eigentlich nur dazu, die Zeitung zu lesen. Ich habe die ZEIT abonniert, die nehme ich mir an langen Wochenenden vor.«

»Die ZEIT ... hört hört ...« Eva machte einen spitzen Mund.

»He, ich halte mich nicht für intellektuell, falls du darauf anspielst, liebe Kollegin.« Katrin knuffte sie am Arm. »Aber da gibt es tatsächlich den ein oder andere interessanten Bericht im Bereich Wissen und Gesellschaft.«

»Schon gut, ich zieh dich ja nur auf.« Eva löffelte in ihrem Erdbeerjoghurt. »Grrr... so etwas kann man auch nur ohne Kater essen.« Sie schob das Schälchen zur Seite.

»Was ist denn da los?«, fragte Lisa.

Am Ausgang des Frühstücksraumes hatte sich eine Menschentraube gebildet.

»Vielleicht reisen die alle zusammen«, meinte Eva obenhin.

»Ja, kann sein.« Sie wollte sich schon wieder ihrem Frühstücksei widmen, als plötzlich die Worte »Mord« und »Toter« durch den Raum hallten.

»Was ist da los?«, fragte Eva eine Bedienung, die gerade leere Kaffeekannen von den Tischen geräumt hatte und jetzt an ihrem Tisch vorbeikam.

»Man hat glaube ich einen Toten gefunden am Strand«, sagte die junge Frau hilflos. »Aber machen Sie sich bitte keine Sorgen, das wird sich alles aufklären.« Und schon eilte sie davon.

»Wir machen uns immer Sorgen«, sagte Eva. »Aber ich bin wirklich froh, dass diese Insel hier jetzt Borkum und nicht Langeoog ist.«

»Stimmt genau«, pflichtete ihr Lisa bei. »Wir haben jetzt frei. Es interessiert uns überhaupt nicht, dass es einen Toten am Strand gibt.«

»Nun tut man nicht so«, sagte Katrin lachend. »Ihr platzt doch vor Neugier.«

Im nächsten Moment standen drei Frauen gleichzeitig vom Tisch auf und eilten zum Ausgang.

## Der Tote am Strand

Sie hatten es nicht weit bis zum Ort des Geschehens. Die vielen Menschen, die mittlerweile eine Art Kreis um ein Teilstück des Strands gebildet hatten, tuschelten miteinander. Was war hier bloß geschehen?

»Wir sind von der Polizei, lassen Sie uns bitte durch.« Eva bahnte für sich und ihre Kolleginnen eine Schneise bis zum vermeintlichen Tatort. Dann sah sie Ole Meemken, der sich über einen Körper im Sand beugte.

»Moin Ole, was machst du denn hier?« Der Gerichtsmediziner sah auf.

»Eva? Das ist hier aber nicht deine Insel, ich könnte dich eher fragen, was du hier machst.« Er schüttelte den Kopf und lachte.

»Ich mache hier nur Urlaub mit meinen Kolleginnen. Aber es war ja klar, dass wir nicht ohne einen Mord davonkommen.« Sie stellte Katrin vor und Lisa nickte. Sie kannte Ole von vielen Ermittlungen sehr gut und schätzte ihn.

»Nun mal sachte«, sagte Ole Meemken, »noch ist ja nichts erwiesen. Mord oder Selbstmord, das ist noch die spannende Frage, würde ich sagen.«

»Es könnte auch Selbstmord sein, meinst du?«

»Warum denn nicht?«

»Stimmt. Natürlich kann es das. Weißt du denn schon, wer es ist? Und wie ist er ums Leben gekommen?«

»Hm ...«, knurrte es plötzlich neben Eva. »Ich will ja nicht stören, aber eigentlich ist das meine Ermittlung hier.«

Neben ihr stand ein großgewachsener Mann in den Fünfzigern, der ein zerknirschtes Gesicht machte.

»Oh Entschuldigung«, murmelte Eva und reichte ihm die Hand. »Eva Sturm, Polizei Langeoog. Ich mache hier mit meinen Freundinnen, die ebenfalls bei der Polizei arbeiten, Urlaub.« Sie stellte Katrin und Lisa vor.

»Ah verstehe«, raunte der Mann, der sich jetzt als Johann Schwieter vorstellte. »Dann kann ich mich über mangelnde Unterstützung ja wohl nicht beschweren.«

»Wir wollen uns bestimmt nicht in Ihre Arbeit einmischen«, sagte Lisa schnell. »Eigentlich wollen wir wirklich nur mal entspannen. Aber da wir das hier eben mitgekriegt haben ...«

»Schon gut«, murmelte Schwieter. Er zog seine Karte aus der Jackentasche und reichte sie Eva. »Ihr könnt ja mal bei mir in der Polizeistation vorbeikommen, wenn ihr Näheres wissen wollt.«

»Gerne«, sagte Eva und steckte die Karte ein. Sie dachte ja nicht im Traum daran, diesen Griesgram zu besuchen. Wozu hatte sie denn einen so guten Draht zu Ole. Sie zwinkerte dem Gerichtsmediziner zu und machte eine Kopfbewegung in Richtung Hotel. Meemken schaltete sofort und nickte kurz.

»Wir gehen dann mal wieder«, sagte Eva zu Johann Schwieter. »Sie haben die Sache sicher gut im Griff.«

»Jo, das will ich meinen. Schönen Urlaub noch, die Damen.«

»Was für ein Blödmann«, sagte Eva, als die Drei wieder Richtung Hotel liefen.

»Na ja, eben ein Mann«, meinte Katrin. »Jochen ist auch manchmal so griesgrämig.«

»Dann hast du ja das große Los gezogen«, neckte Eva. »Also, über Jürgen kann ich wirklich nicht klagen. Er hat eigentlich immer gute Laune. Das wird mir jetzt erst richtig klar, nachdem ich diesen Schwieter kenne.«

»Also gut gelaunt ist Jan meistens nicht«, meinte Lisa. »Aber auch nicht schlecht. Er ist so ein Mittelding, wenn ihr versteht, was ich meine.«

»Nö, wir verstehen das eigentlich nicht«, sagte Katrin und lachte. »Was gibt es denn noch zwischen guter und schlechter Laune?«

»Hm ... Jan ist eigentlich gar nicht gelaunt. Vielleicht ist es das. Meistens ist er in sich gekehrt und kriegt sowieso kaum mit, was um ihn herum geschieht.«

»Hört sich etwas skurril an, wenn du mich fragst.«

»Oh, das ist er bestimmt auch«, lachte Lisa. »Aber er hat so etwas wie den berühmten siebten Sinn, wenn es um Verbrechen geht. Die Arbeit mit ihm ist manchmal anstrengend, aber auch superspannend.«

»Ja, wir haben's schon gut getroffen mit unseren Männern«, seufzte Eva. »Was wären wir ohne sie?«

Sie setzten sich in die Hotelhalle, um auf Ole Meemken zu warten.

»Meine Güte, schon soviel Hektik am frühen Morgen«, klagte Eva. »Aber zum Glück sind damit meine Kopfschmerzen verflogen.«

»Bist du sicher, dass Ole Meemken weiß, dass wir hier auf ihn warten?«, fragte Lisa, die eigentlich keine Lust darauf hatte.

»Doch, er hat meinen Wink eben verstanden«, erwiderte Eva. »Nun quengel man nicht so. Er kommt sicher gleich.«

»Ich hätte einfach mehr Lust, ein wenig zu bummeln oder am Strand spazieren zu gehen, das ist alles.« Lisa streckte ihre Beine aus.

»Frische Luft würde uns allen jetzt sicher guttun Lisa«, meinte Katrin. »Aber ich kann schon verstehen, dass Eva warten will. Das sitzt doch in unserer Natur, dass wir nicht eher Ruhe geben.«

»Ist ja schon gut«, meinte Eva, »wir warten hier noch zehn Minuten und dann gehen wir, wenn er bis dahin nicht aufgetaucht ist. Ich kann ihn nachher ja auch anrufen.«

Und schon im nächsten Moment schritt Ole Meemken auf sie zu.

»Sorry, dass es so lange gedauert hat«, sagte er und setzte sich zu den Frauen.

»Kein Problem«, sagte Eva schnell. »Wir platzen vor Neugier, weißt du.«

»Schon klar. Aber mit einem abschließenden Bericht kann ich natürlich nicht dienen. Aber ich tippe mal auf Selbstmord. Es gibt keine äußeren Verletzungen und auch keine Anzeichen für einen Kampf. Er ist auch noch nicht sehr lange tot. Es muss heute Nacht passiert sein, denn niemand hat etwas bemerkt. Außerdem war seine Kleidung trocken, so dass er auch nicht an den Strand gespült worden sein kann.«

»Aber man kann ihn schon mit einem Boot hierher gebracht haben, oder etwa nicht?«, fragte Eva.

»Klar. Das könnte sein. Aber wie gesagt, niemand hat etwas gesehen oder gehört. Deshalb vermute ich einfach mal, dass er sich in den Sand gesetzt hat und sich das Leben nahm. Wie auch immer er das gemacht hat. Da bin ich heute Abend sicher schlauer.«

»Rufst du mich dann an?«, fragte Eva.

»Aber natürlich, es wird das Erste sein, das ich tue, wenn ich fertig bin mit der Untersuchung. Aber sag mal, warum interessiert es dich eigentlich so brennend?«

»Berufskrankheit«, gab Eva zu. »Ich kann einfach nicht anders.«

Lisa und Katrin lachten.

»Ihr seid mir schon ein Gespann«, meinte Ole Meemken. »Ich mache mich dann mal auf den Weg.«

»Warte mal, wie heißt der Tote eigentlich?«, fragte Eva schnell.

»Sebastian Reiter«, antwortete Meemken. »Er hatte außer seiner Kleidung am Leib nur ein Portemonnaie mit seinem Ausweis bei sich. Aber wenigstens das, wenn ihr mich fragt.«

»Okay, danke Ole. Und ruf mich an ...« Eva winkte zum Abschied, als Ole Meemken verschwand.

»So, jetzt ist Schluss mit Polizeiarbeit«, sagte Lisa energisch. »Was machen wir jetzt? Einen Spaziergang am Strand oder Kaffee trinken?«

»Kaffee«, kam es von Eva und Katrin wie aus einem Mund.

»Okay, dann lasst uns ein wenig bummeln, bis wir was Nettes finden.«

Als sie in ein schönes Café eingekehrt waren, zog Katrin ihr Telefon hervor. »Ich werde jetzt mal bei meiner Mutter anrufen und nach Sarah fragen.« Sie wählte die Nummer und entfernte sich ein paar Schritte.

»Ist das nicht schrecklich, was mit Katrin passiert ist?« Lisa nutzte die Gelegenheit, um mit Eva alleine über das Unfassbare zu sprechen.

Eva nickte. »Natürlich. Das ist ein wahrer Albtraum. Da komme ich mir mit meinen paar anonymen Briefchen wirklich albern vor.«

»Stimmt. Das relativiert einiges. Da kann mich jetzt dieser Blödmann gerne anrufen und ins Telefon hecheln, wenn's ihn glücklich macht.«

»Na ja, so einfach kann man es sich auch wieder nicht machen. Schließlich hat uns jemand ins Visier genommen, das steht schon mal fest.«

»Okay, Themenwechsel, Katrin kommt zurück.« Lisa griff schnell nach ihrer Kaffeetasse. »Na, alles in Ordnung mit Sarah?«, fragte sie fröhlich.

»Oh ja. Alles bestens«, sagte Katrin und strahlte übers ganze Gesicht. So sahen wohl Mutterfreuden aus, dachte Eva und freute sich für ihre Kollegin. »Sarah hat sogar fast durchgeschlafen letzte Nacht. Sie scheint mich gar nicht zu vermissen.«

»Na, das glaube ich aber nicht«, protestierte Eva. »Kinder brauchen immer ihre Mutter, glaube mir.« Plötzlich wirkte Eva total traurig.

»Ist bei dir wohl nicht so gut gelaufen, was?«, fragte Katrin dann auch, der der Stimmungswechsel nicht entgangen war.

Eva schüttelte mit dem Kopf. »Nein, eine rosige Kindheit sieht anders aus. Aber kommt, lasst uns von was anderem sprechen.«

Sie wechselten zu Männern und Kollegen im Speziellen. Ein recht amüsantes Thema, wie sich schnell herausstellte. Und unerschöpflich obendrein.

»Jan trinkt gerne Rotwein«, sagte Lisa.

»Jochen Whisky«, steuerte Katrin bei. »Und dann isst er ununterbrochen Chips. Na ja, jetzt ist das allerdings weniger geworden in letzter Zeit.«

»Jürgen und ich heben gerne mal einen Schnaps«, sagte Eva lachend. »Und ganz besonders schön war es immer, wenn wir bei meiner Freundin Klara in Esens zu Besuch waren und sie uns mit einem leckeren ostfriesischen Essen verwöhnt hat.«

»War? Ist Klara denn etwas passiert?«, fragte Lisa teilnahmsvoll.

»Sie lebt jetzt nach mehreren Schlaganfällen in einem Pflegeheim«, seufzte Eva. »Ich weiß gar nicht, wie ich damit umgehen soll. Als ich sie das letzte und schändlicher Weise auch das einzige Mal dort besucht habe, bin ich weggelaufen wie ein verstörtes Kind.«

»Oh, das ist ja echt traurig.« In Lisas Stimme schwang echtes Mitgefühl.

Eva nickte. »Und dann hat sie beziehungsweise ihre Tochter mir auch noch Klaras Wagen geschenkt. Einen alten Opel, den ich mir immer ausgeliehen habe, wenn ich mal an Land ermittelt habe.«

»Mann oh Mann. Echte Freunde sind nicht mit Geld zu bezahlen.« Lisa sah zu Eva und dann zu Katrin. Würden diese beiden Frauen ihre echten Freundinnen werden? Auf jeden Fall schweißte sie dieses Wochenende zusammen, da war sie sich ganz sicher.

Für den Abend hatten sie sich einen Tisch im Hotelrestaurant reserviert. Als sie bestellt hatten, klingelte Evas Handy.

»Das ist Ole«, sagte sie zur Erklärung und nahm sofort ab.

Dann hörte sie eine Weile zu und ihre Augen wurden immer größer.

»Das gibt es ja gar nicht. Danke für die Info, Ole. Danke, dass du mich sofort informiert hast.« Sie legte auf.

»Es war kein Selbstmord«, sagte Eva und sah die beiden Kolleginnen aufgewühlt an.

»Aber du willst dich doch wohl jetzt nicht in die Ermittlungen einmischen, oder?«, fragte Lisa. »Denk doch nur an den Schwieter, das wäre nun wirklich kein Vergnügen, noch mehr Zeit mit dem zu verbringen.«

»Nein, du hast ja recht«, Eva fuhr einen Gang zurück, obwohl sie am liebsten sofort aufgesprungen wäre. »Es ist nicht meine Insel und auch nicht unser Fall. Wir machen nur Urlaub. Basta.«

»Na also, so gefällst du mir schon besser«, lobte Lisa. »Man muss doch auch mal abschalten können.«

Als ob das so leicht wäre, dachte Eva und nickte trotzdem. »Du hast recht, Lisa. Die Toten müssen auch mal ohne uns zurechtkommen.«

Als sie mit dem Essen fertig waren, machten sie noch einen Spaziergang am Strand entlang. Es waren viele Menschen unterwegs, weil der Abend lau und ohne Wind war.

»Hier hat er gelegen«, sagte Eva, als sie an der Stelle vorbeikamen, wo der Tote am Morgen gefunden worden war.

»Eva«, mahnte Lisa. »Wir wollten doch nicht mehr darüber sprechen.«

»Ist ja schon gut«, maulte Eva. »Aber es ist trotzdem merkwürdig, dass der Tote hier ohne weitere Hinweise einfach abgelegt wurde. Findet ihr nicht? Ich meine, es war schon kaum vorstellbar, dass er sich einfach hier hinlegt und sich umbringt. Und noch unvorstellbarer ist es für mich, dass ihn einfach jemand hier umbringt, ohne, dass jemand auch nur das Geringste mitbekommt.«

»Das alles wird der Schwieter schon rauskriegen. Auch ohne unsere Hilfe«, wandte Lisa ein. Katrin nickte zur Bekräftigung.

»Da bin ich mir ehrlich gesagt nicht so sicher, so dröge, wie der rüberkam. Vermutlich liegt er lang im Bett und schnarcht vor sich hin.«

Jetzt mussten sie lachen.

Sie schlenderten noch durch die belebten Straßen und kehrten in eine Bar ein. Auch da gab es Männer. Und die waren quicklebendig und auch keine Kollegen. Eigentlich doch eine gute Voraussetzung für einen netten Abend.

## In Aurich

Jan Krömer hatte die Nachricht vom Mord auf Borkum über den Polizeicomputer erfahren. Er musste sofort an Lisa denken. Dass aber auch ausgerechnet dann so etwas passierte, wenn sie mal ausspannen wollte.

Dann las er den Namen des Opfers und der Schock fuhr ihm in die Knie. Sebastian Reiter war ein Kollege aus Osnabrück, den er von Seminaren her kannte. Sie waren zwar nicht befreundet gewesen, doch sie kamen gut miteinander zurecht. Das wollte bei ihm schon was heißen. Als er sah, dass Ole Meemken den Fall untersuchte, rief er diesen sofort in Oldenburg an.

Auch Meemken war überrascht, dass es ein Kollege war, den er da unterm Messer hatte. Er berichtete Jan Krömer davon, wie er mit Eva und den beiden anderen Kolleginnen auf Borkum gesprochen hatte. Also war Lisa schon im Bilde. Doch wusste sie auch schon, dass es sich um einen Kollegen handelte? Er sagte Ole Meemken, dass er Lisa gleich am nächsten Tag informieren würde. Dem Gerichtsmediziner war das recht. So brauchte er nicht noch einmal bei Eva anzurufen. Manchmal fand er sie wirklich schwierig und er hatte auch schon genug auf Langeoog mit ihr zu tun.

Gleich, nachdem Jan Krömer aufgelegt hatte, wählte er Lisas Nummer. Doch sie nahm nicht ab. Kein Wunder, es war ja auch schon spät. Sicher amüsierte sich Lisa irgendwo in einer Bar mit Eva und der anderen Kollegin aus Leer. Wie hieß die nochmal? Egal. Er würde Lisa einfach am nächsten Morgen anrufen. Oder besser noch, er fuhr spontan mal rüber nach Borkum. Schließlich handelte es sich ja um einen Mord, der auch an ihm nicht spurlos vorüberging.

## Blauer Himmel, Strand und Meer

Eva reckte sich genüsslich in den Laken, als die ersten Sonnenstrahlen ihre Nase kitzelten. Sie waren gestern Abend ganz schön versackt in der Bar. Und der eine oder andere Flirt war auch nicht zu verachten gewesen.

Natürlich hatten sich die meisten Männer an Katrin gehalten, die in ihrem legeren schwarzen Outfit wie eine Schönheit aus Tausend und einer Nacht wirkte mit ihren dunklen Haaren, den glutvollen Augen und dem frisch gebräunten Teint. Tja, und doch war ihr gar nicht danach zumute gewesen, Bekanntschaften zu schließen. Und das hatte sie den Männern, die sich gewagt hatten, sie von der Seite anzusprechen, auch unmissverständlich zu verstehen gegeben. Ob sie jemals wieder eine Beziehung zu einem Mann würde aufnehmen können, stand sicher in den Sternen. Sie musste sich um Sarah kümmern, das war jetzt ihr Lebensinhalt.

Und Lisa? Nun, sie hatte davon profitiert, dass Katrin allen die kalte Schulter gezeigt hatte. Sie standen dann teilweise bei ihr an. Lisa nahm's sportlich. Sie wusste ihren Marktwert sehr gut einzuschätzen und spielte gerne den Blitzableiter für Katrin. Eva hatte sich alles aus gewisser Distanz angesehen und sich köstlich amüsiert. Und es gab sogar einen Mann, der ihr Avancen machte. Plötzlich war wie von Zauberhand ein Glas Martini neben sie geschoben worden. Und der Überbringer des Getränks war gar nicht mal so übel. Eva hatte sich mit ihm angeregt und vergnügt unterhalten. Und am Ende des Abends, als er ihr anbot, sie doch bis ins Hotel zu begleiten, hatte sie sich verdammt geschmeichelt gefühlt und trotzdem dankend abgelehnt. Sie hatte also auch noch Chancen. Das hatte ihrem Ego gut getan.

Jetzt stieg sie aus dem Bett, um sich unter die Dusche zu stellen. Wer wusste, was der Tag noch so bringen würde.

Katrin und Lisa warteten bereits im Frühstücksraum, als Eva nach unten kam.

»Guten Morgen ihr Lieben«, grüßte Eva fröhlich. »Habt ihr auch so gut geschlafen wie ich?«

»Ja, ausnahmsweise«, erwiderte Katrin lachend. Lisa sagte nichts.

»Lisa?«, fragte Eva, als sie sich an den Tisch gesetzt hatten. »Geht's dir nicht gut?«

»Doch doch ... vielleicht hab ich nur zu wenig Schlaf gehabt.« Lisa strich sich mit zittriger Hand mit dem Messer Butter auf das Brötchen.

»He komm ...« Eva griff besorgt nach Lisas Hand. »Du kannst es uns sagen, wenn etwas nicht in Ordnung ist.«

Eva bemerkte, dass Lisa Tränen über das Gesicht liefen.

»Um Himmels willen, sag nicht, dass er wieder angerufen hat!«, rief Eva aus.

Lisa nickte erleichtert und schluchzte. »Es ist mir so peinlich, dass mich das so mitnimmt, sorry. Ich wollte euch wirklich nicht den Tag verderben.«

»Wann war das?«, fragte Eva.

»Heute Nacht, als ich mich gerade ins Bett gelegt hatte. Da klingelte plötzlich mein Handy. Und da Jan früher schon mal versucht hatte, mich anzurufen, bin ich einfach schnell rangegangen. Aber es war nicht Jan ... es war wieder dieses schwere Atmen ...« Lisa schüttelte sich und weinte. »Warum lässt er mich denn nicht in Ruhe. Woher weiß er überhaupt, dass ich hier bin?«

Eva und Katrin tauschten besorgte Blicke.

»Beruhige dich bitte Lisa«, sagte Eva. »Er weiß ja nicht unbedingt, dass du auf Borkum bist, wenn er dich auf dem Handy angerufen hat.«

Lisa fuhr sich mit einem Taschentuch übers Gesicht und wischte die Tränen weg. »Stimmt. Er muss nicht wissen, dass ich hier bin.« Sie schien über diese Erkenntnis wirklich erleichtert. »Aber trotzdem war es schrecklich, ich konnte kaum noch schlafen.«

»Das nächste Mal kommst du dann aber gleich zu mir rüber, egal wie spät es ist, okay.« Eva streichelte Lisa über die Hand. Diese nickte zustimmend.

Sie frühstückten zu Ende und entschieden sich dann für einen Besuch im Freibad. Es musste doch verdammt nochmal möglich sein, endlich in Urlaubsstimmung zu kommen. Doch insgeheim machte sich jede von ihnen Sorgen, was wohl als Nächstes passieren würde.

Gegen Mittag setzten sie sich draußen bei einem italienischen Restaurant in den Biergarten und bestellten sich Salat und Wasser als Mittagessen.

Eva dachte für einen Moment daran, Ole Meemken anzurufen, einfach, um ihre Neugier zu befriedigen. Doch sie ließ es mit Rücksicht auf die anderen dann doch bleiben. Sie ließ ihren Blick schweifen und stutzte.

»Guck mal Lisa, ist das nicht Jan?«

Lisa sah auf und folgte Evas Blicken. »Du meinst meinen Jan? Wo?«

»Na da.« Eva zeigte mit dem Finger auf einen jungen Mann, der sich suchend umsah.

»Tatsächlich«, bestätigte Lisa und sprang vom Stuhl auf. »Ich geh mal zu ihm. Bin gleich wieder da.« Sie lief zu ihm herüber.

»Das ist also Jan«, sagte Katrin anerkennend. »Ein verdammt schöner Ermittler, Lisa ist wirklich zu beneiden.«

»Ja, finde ich auch. Und er hat obendrein noch dieses gewisse Etwas, wenn du verstehst.«

Katrin nickte und lachte.

Dann trat Lisa mit Jan an den Tisch.

»Eva kennst du ja und das ist Katrin Birgner aus Leer.«

Jan gab beiden die Hand und Eva hätte schwören können, dass es geknistert hatte, als Katrin ihre Hand in seine legte. Es stimmte, was man immer sagte. Es entschied sich in Sekundenbruchteilen, ob Menschen etwas miteinander anfangen konnten.

»Setz dich doch zu uns, Jan«, forderte Eva auf.

»Jan ist hier, weil der Tote ein Kollege von uns war«, sagte Lisa.

»Wirklich?« Katrin sah ihn sprachlos an.

»Ja. Sebastian Reiter hat in der Kriminaltechnik in Osnabrück gearbeitet. Ich habe ihn sogar persönlich gekannt. Er war ein netter Kerl.«

»Und warum bringt man so einen netten Kerl um?«, fragte Eva und hing an Jans Lippen. Wäre sie ein paar Jährchen jünger, sie hätte für nichts garantieren können.

»Das ist wohl die Hunderttausend Euro Frage«, sagte Jan. »Aber Spaß beiseite, ich habe mir ein wenig Sorgen um euch gemacht. Deshalb bin ich heute auch hier.«

»Wieso denn Sorgen?«, fragte Lisa. »Glaubst du, der Mord hat etwas mit uns zu tun, weil er unser Kollege war?«

»Nein, das sicher nicht unbedingt. Aber ich weiß ja, wie schnell ihr Frauen in was hineingeraten könnt.« Er lächelte und drei Augenpaare hingen an seinem Grübchen, das sich im Kinn bildete.

»Willst du denn länger hierbleiben?«, fragte Lisa, die bemerkte, wie ihre Kolleginnen sich an ihm festsaugten.

»Darüber habe ich noch nicht nachgedacht«, sagte er ehrlich. »Vielleicht bis morgen. Ich möchte auf jeden Fall Kontakt zu dem ermittelnden Beamten hier auf Borkum aufnehmen.«

»Na dann viel Spaß«, sagte Eva lachend.

»Wie meinst du das?«

»Nun, wir hatten schon das Vergnügen. Ein total widerspenstiger Knochen würde ich sagen. Er heißt Johann Schwieter.« Sie zog die Karte aus ihrer Jackentasche, die sie immer noch bei sich trug.

»Verstehe. Er passt nicht in euer Raster, weil er euch nicht seine Arbeit machen lassen wollte«, sagte Jan Krömer lachend.

»Er ist einfach ein komischer Kauz, das wirst du auch noch feststellen.« Lisa winkte nach der Bedienung, denn sie wollten zahlen.

Gemeinsam machten sie sich auf den Weg zu ihrem Hotel, wo sie versuchen wollten, auch für Jan Krömer ein Zimmer zu bekommen.

Bereits in der Eingangshalle wurden sie von einem Mann in Empfang genommen.

»Jochen? Was machst du denn hier?«, fragte Katrin ungläubig, als sie ihren Chef erkannte. Er kam auf sie zugelaufen und nickte kurz. »Das ist Jochen Guntram, mein Chef«, erklärte Katrin und stellte die anderen Kollegen vor.

»Oh, der Profiler«, sagte Guntram und schüttelte Jan Krömer die Hand. »Ich habe schon viel von dir gehört.« Dann gab er auch Eva und Lisa die Hand, typisch, dachte Katrin. Der gleiche Holzfäller wie immer.

»Ich hab gehört, was passiert ist«, sagte Jochen Guntram. »Und da habe ich mich gleich heute Morgen auf die Fähre gesetzt.«

»Genau wie ich«, sagte Jan Krömer.

»Und ich ...«, kam eine Stimme aus dem Hintergrund und im nächsten Moment wurde Eva in den Arm genommen. »Eva, ich habe mir Sorgen gemacht. Ist auch alles in Ordnung?«

»Das ist Jürgen«, nuschelte Eva und befreite sich aus der Umklammerung. Der Auftritt von Jürgen war ihr sichtlich peinlich.

»Hallo Jürgen«, sagte Guntram. »Also auch ein Kollege?«

Jürgen schüttelte den Kopf. »Nein, ich leite die Touristinfo auf Langeoog.«

Aha, dachte Guntram, fragte aber nicht weiter nach. Diese Eva war ihm von Anfang an merkwürdig erschienen. Sie hatte diesen speziellen Blick, dem man nur schwer standhalten konnte, ohne von ihr über den Tisch gezogen zu werden.

Es entstand eine Pause, in der einer zum anderen sah.

»Ich glaube, wir sollten uns jetzt um die Zimmer kümmern«, sagte Jan, »bevor sie von anderen weggeschnappt werden. Ist ja echt lustig, dass wir alle drei auf der Fähre waren, ohne voneinander zu wissen, was Jungs?«

Die Stimmung entspannte sich und sie liefen zur Anmeldung.

Dort sah man es als kleines Problem, jetzt noch drei freie Zimmer aufzutreiben. Aber als Jan Krömer erklärte, dass sie ebenfalls Polizisten seien, die wegen des Mordes auf Borkum waren, hatte sich das Problem im Nu gelöst. Die Drei bekamen ein gemeinsames Zimmer unter dem Dach, was Eva, Lisa und Katrin mit einem Schmunzeln quittierten.

»Wir sollten uns auch schon um einen Tisch für heute Abend kümmern«, meinte Eva pragmatisch. »Jetzt, da wir mit einer Großfamilie speisen.« Die Dame an der Rezeption notierte sich die Buchung und danach machten sich die Männer auf den Weg zu Johann Schwieter in der Polizeistation.

»Mein Gott, das war mir wirklich peinlich«, sagte Eva, als sie mit Katrin und Lisa am Strand entlanglief.

»Du meinst Jürgen, als er dich in den Arm genommen hat?«, fragte Lisa.

Eva nickte. »Das hatte so etwas Persönliches. Irgendwie passte es da nicht hin.«

»Ach, war doch okay«, meinte Katrin. »Er mag dich eben. Und sei froh, dass er kein Polizist ist.«

»Oh, da könnt ihr Gift drauf nehmen, dass mir das ganz recht ist. Ich könnte niemals mit einem Polizisten zusammen sein.«

»Ihr seid also doch fest zusammen?«

»Nein, auf gar keinen Fall«, protestierte Eva und lief dunkelrot an.

»Auf gar keinen Fall«, äffte Lisa sie nach und Katrin und sie lachten aus vollem Hals.

»Macht ihr nur eure Späße auf meine Kosten«, maulte Eva.

»Aber woher wusste Jürgen eigentlich von dem Toten?«, fragte Lisa plötzlich.

»Ach, ich muss ihm wohl letzte Nacht noch eine SMS geschickt haben, kurz bevor ich eingeschlafen bin ...«, gab Eva kleinlaut zu. »Aber nun mal ein anderes Thema. Was ist bloß mit Sebastian Reiter passiert?«

»Ich bin mir sicher, dass das bald geklärt sein dürfte bei der geballten Polizei-Power hier auf Borkum«, meinte Katrin.

»Glaube ich auch«, sagte Eva. »Jochen wirkt schon sehr kompetent, wenn ich das so sagen darf.«

»Oh, das ist er auch. Wenn er sich einmal was in den Kopf gesetzt hat, dann kriegt er das auch.«

»Aber bei dir hat er wohl auf Granit gebissen, wie es scheint.«

»Ach, eigentlich stand eine wirkliche Beziehung nie zur Debatte. Und er war ja auch verheiratet.«

»War?«

»Ja, seine Frau ist im letzten Jahr gestorben. Sie hatte einen schweren Unfall und ist nicht wieder aus dem Koma erwacht.«

»Ach wie schrecklich.« Eva machte ein betretenes Gesicht.

»Tja, so haben wir wohl alle unser Päckchen zu tragen. Er wohnt jetzt alleine in einem großen Haus mit seinem Hund. Seine Kinder sind erwachsen, er sieht sie kaum noch.«

»Und jetzt, da er alleine ist, wäre doch ... also ich meine«, druckste Eva herum.

»Nein. Das Thema ist endgültig durch, glaub mir Eva. Wir sind einfach gute Freunde.«

»Dann aber verdammt gute, wenn er extra nach Borkum kommt.«

»Ja, das stimmt. Er ist mein bester Freund.« Katrins Blick wanderte über die aufgewühlte See. Sie wollte jetzt nicht mehr über Jochen sprechen.

»Ach Mensch«, seufzte Eva. »Da wollten wir mal ein schönes Wochenende für uns haben und über unsere Männer lästern ...«

Die Drei nickten sich vielsagend zu.

»Stimmt«, sagte Lisa. »Wer hätte das gedacht, dass daraus gleich ein ganzes Krimi-Camp werden würde.«

## Auf der Polizeistation

»Was ist denn nun passiert?« Johann Schwieter sah die drei Männer, die gerade in sein Büro stürmten, erstaunt von oben bis unten an.

»Wir sind von der Polizei«, sagte Jochen Guntram und Jürgen wich einen Schritt zurück. Nur keine falschen Tatsachen in die Welt setzen.

»Aha. Das bin ich auch«, sagte Schwieter trocken.

»Mein Name ist Jochen Guntram und das ist mein Kollege Jan Krömer. Und das ist Jürgen ... von Langeoog.« Er sah hinter sich und suchte nach Jürgen, der sich in der hintersten Ecke mit den Jalousien beschäftigte. »Wie dem auch sei«, fuhr Guntram fort. »Wir sind hier wegen des Toten vom Strand.«

»Aha?« Schwieter verstand nur Bahnhof. »Haben Sie denn etwas gesehen?«

»Nein, wir sind heute erst angekommen. Wir gehören zu den drei Polizistinnen, die sie gestern schon am Strand beim Opfer kennengelernt haben.«

Jetzt klingelte es bei Johann Schwieter gewaltig. Ihm waren die Frauen von Anfang an ja suspekt vorgekommen. Sein Eindruck wurde jetzt durch diese Hilfssheriffs vom Festland bestätigt.

»Können wir uns vielleicht setzen?«, fragte Jan Krömer, »da spricht es sich vielleicht leichter.«

»Nur zu.« Schwieter zeigte auf zwei abgewetzte Stühle. »Mehr hab ich leider nicht. »Da muss ich erst noch nach nebenan, einen Stuhl holen.«

»Nur keine Umstände«, meinte Jürgen, »ich steh sowieso lieber. Mein Rücken ...« Er krümmte sich und hielt seine Hand ins Kreuz, um seine Behauptung zu untermauern.

»Wie kann ich Ihnen denn helfen?« Schwieter konnte seinen Blick nicht von Jürgen losreißen. »Ich hab's ja auch wohl mal im Rücken«, murmelte er. »Aber gibt Schlimmeres.«

»Also, warum wir hier sind«, versuchte es Guntram erneut. »Das Opfer ist ein Kollege gewesen.«

»Ich weiß«, sagte Schwieter obenhin und sah auf seine Fingernägel.

»Mein Kollege hier hat ihn sogar persönlich gekannt.« Er zeigte auf Jan Krömer.

»So so ...« Es hätte nur noch gefehlt, dass Johann Schwieter angefangen hätte zu pfeifen. Er hatte wirklich die Ruhe weg.

»Na ja ...« Guntram schien irritiert ob der stoischen Art. Ob das vom vielen Wind auf der Insel kam? »Wir dachten, wir können vielleicht helfen. Bei der Aufklärung, meine ich.«

Jetzt stand Johann Schwieter auf und legte seine Hände gefaltet in den Rücken. »Sie glauben wohl, wir sind hier zu doof für sowas.«

Guntram winkte schnell ab. »Aber nein, so dürfen Sie das nicht verstehen.«

»Auf gar keinen Fall«, stimmte Jürgen zu. »Wir wissen, dass Sie hier auf der Insel beste Arbeit leisten.«

»Genau«, sagte Guntram und zog die Brauen hoch. Was mischte sich dieser Postkartenverkäufer eigentlich hier ein?

»Aber wenn ein Kollege betroffen ist, dann geht uns das alle an.« Jan Krömer machte erstmals den Mund auf. Bisher hatte er nur mit zugekniffenen Augen auf Johann Schwieter gesehen und wer weiß was gedacht. Guntram jedenfalls konnte nicht in seiner Mimik lesen. Sicher lag es daran, dass er Profiler war, die waren ja immer ein bisschen gaga.

»Na ja«, sagte Guntram erschöpft. »Es wäre einfach schön, wenn wir einen Blick in die Ermittlungsakte werfen dürften.«

Johann Schwieter drehte sich einmal im Kreis und setzte sich dann wieder an seinen Schreibtisch. »Sagt das doch gleich Kollegen. Wir hier auf Borkum schätzen das direkte Wort.« Er zog eine Schreibtischschublade auf und reichte Guntram eine beigefarbene Mappe herüber.

»Danke.« Gleich fing Guntram an, darin zu blättern und Jan Krömer und Jürgen sahen ihm dabei über die Schulter. »Wo ist denn der Obduktionsbericht?«

»Oh, ist der da nicht drin?« Johann Schwieter fing an, in dem herumfliegenden Papierstapel auf seinem Schreibtisch zu wühlen. »Hier ...« er reichte zwei Blatt Papier herüber.

Guntram und Jan Krömer lasen, während Jürgen seinen Blick im Raum schweifen ließ. »Sie haben es wirklich sehr schön hier.«

»Und Sie wohnen auf Langeoog?« Johann Schwieter zog geräuschvoll seinen Rotz hoch.

»Ja, schon viele Jahre. Eigentlich kann ich mir gar nichts anderes mehr vorstellen. So eine Insel ist doch so etwas wie ein kleines Schloss, in dem man wohnt.«

Johann Schwieter zog die Augenbrauen zusammen. Offensichtlich konnte er mit lyrischen Anwandlungen ebenso wenig anfangen wie mit Kollegen, die sich in seine Arbeit einmischten. »Ich bin hier geboren«, sagte er in einem Ton, der wohl sagte, dass ihm nichts anderes übriggeblieben sei, als sich mit dem Inselleben abzufinden.

Da war nichts zu holen, dachte Jürgen. Aber wenigstens hab ich es versucht.

»Man hat ihm was gespritzt«, sagte Guntram, als er an der Stelle von Ole Meemkens Bericht angelangt war, bei der die Todesursache geschildert wurde. »Wahrscheinlich ist das aber nicht am Strand passiert«, mutmaßte Jan Krömer. »Da wäre die Gefahr sicher viel zu groß gewesen, erwischt zu werden.«

»Denk ich auch«, stimmte Guntram zu. »Also kann man ja fast davon ausgehen, dass der Täter ein Boot hatte.«

Johann Schwieter sah neugierig von einem zum andern.

»Haben Sie schon mit der Küstenwache gesprochen?«, fragte Guntram, als er Schwieters Blick auf sich ruhen sah.

»Jo.«

»Und?«

»Noch nichts.«

Na wenigstens hatte dieser verschrobene Kerl in die richtige Richtung gedacht.

»Sind die Verwandten und Bekannten schon informiert worden?«

»Jo.«

»Aber es kam nichts dabei heraus?«

»No.«

Guntram zog sein Notizbuch heraus und schrieb sich ein paar Namen auf. Zur Not würde er selber noch mal Kontakt zu ihnen aufnehmen.

»Wir werden dann gehen«, sagte Guntram genervt.

»Bitte halten Sie uns auf dem Laufenden.« Er reichte Johann Schwieter seine Visitenkarte. »Ich bin immer erreichbar, wenn es was Neues gibt.«

»Alles klar.« Johann Schwieter lehnte sich gemütlich auf seinem Stuhl zurück.

Guntram, Krömer und Jürgen verließen die Dienststelle.

»Übernimmst du die Familie?«, fragte Guntram draußen an Jan Krömer gerichtet. Dieser nickte. »Okay, dann kümmere ich mich um die Küstenwache. Das kann doch nicht wahr sein, dass der Kerl da seelenruhig in seinem Sessel sitzt, während draußen ein Mörder frei herumläuft.«

Sie liefen weiter Richtung Hotel. Von dort aus wollten sie bis zum Abendessen ihre Nachforschungen anstellen.

Und ich?, fragte sich Jürgen, als er hinter den beiden Ermittlern hertrottete. Er konnte sich ja nicht zu den drei Frauen gesellen, wie hätte das denn ausgesehen?

»Ich geh dann mal zum Strand«, sagte er schließlich, als sie beim Hotel ankamen. »Man weiß ja nie, was die Leute sich da so erzählen.«

»Gute Idee«, lobte Guntram und war auch schon mit Krömer verschwunden.

## Abends im Hotel

Für den Abend waren im Hotelrestaurant zwei Tische zusammengeschoben worden, damit alle bequem speisen konnten. Man hatte sogar einen gewissen Abstand zu anderen Tischen eingeplant, weil man Rücksicht auf andere Gäste nehmen wollte, die sicher keine Lust hatten, den ganzen Abend mit Mord und Leichen unterhalten zu werden.

Guntram hatte sogar noch ein kleines Nickerchen gehalten, bevor er nach unten ging. Und so war er der Letzte, der sich an den Tisch setzte.

»Habt ihr schon was ausgesucht?«, fragte er. Die anderen verneinten. Man habe gerne auf ihn gewartet, sagte Katrin.

Nachdem alle bestellt hatten, kam Guntram endlich zum Thema. Offensichtlich fühlte er sich für die Rolle des Rädelsführers ihrer kleinen privaten Ermittlungstruppe berufen, weil er der Ältestes war.

»Wir sollten jetzt mal zusammenfassen, was wir alles haben«, sagte er und nahm einen ersten Schluck von seinem Pils. »Ich habe heute schon mal Kontakt zur

Wasserschutzpolizei aufgenommen. Irgendwo muss der Tote ja schließlich hergekommen sein.«

»Das ganz bestimmt«, sagte Eva zerknirscht. »Aber das haben wir gestern ja bereits festgestellt.« Offensichtlich schmeckte es ihr nicht, dass ihr Guntram hier die Butter vom Brot nahm. Eigentlich war es doch ihr Fall, schließlich war sie mit Katrin und Lisa zuerst dran gewesen. Auch wenn sie sich dann gegen eine aktive Tätersuche entschlossen hatten, weil sie ja im Urlaub waren. Und jetzt? Kam dieser unangenehm wirkende Kerl aus Leer daher und riss alles an sich.

Guntram seinerseits waren die anklagenden Untertöne von Eva nicht entgangen. Er hatte schon immer Respekt vor Frauen gehabt, die sich nicht unterkriegen ließen.

»Okay«, sagte er deshalb, um die Wogen zu glätten. »Ich will hier wirklich nicht den Boss spielen.«

»So war das nicht gemeint«, schob Eva sofort dazwischen. Typisch, dachte Jürgen und sah von einem zum andern. Da kannte sie diesen Guntram seit ein paar Stunden und hatte sich schon mit ihm in den Haaren.

Bevor Guntram jetzt noch etwas erwidern konnte, kam das Essen. Zum Glück, dachte Jürgen, denn er hatte Hunger.

»Es sieht doch wirklich alles sehr lecker aus«, sagte Katrin und stach in ihr erstes Salatblatt.

»Oh ja, Salat gehört auch zu meinem Lieblingsspeisen«, sagte Jan Krömer und Lisa sah ihn erstaunt an. Bei ihr in Aurich machte er immer einen großen Bogen um das Grünzeug. Eva hatte Lisas Blick registriert und nickte zufrieden in sich hinein. Hatte sie doch recht gehabt, dass zwischen den beiden die Funken flogen.

Guntram sah neidisch zu Katrin herüber, die sich jetzt angeregt mit Jan unterhielt, ohne dass er verstehen konnte, worum es ging. Er saß nämlich eingekeilt zwischen Jürgen und Eva, die sich hinter seinem Rücken über Langeoog unterhielten, und wie es in der Touristinfo wohl lief.

Lisa machte sich an ihrem Fischteller und ihrem Salat zu schaffen. Aber richtig glücklich sah sie dabei nicht aus, dachte Guntram. In dieser Runde sollte man wirklich einmal die unterschwelligen Spannungen messen.

Nach einer halben Stunde waren dann endlich alle mit dem Essen inklusive Dessert fertig und es wurde abgeräumt. Guntram und Jürgen bestellten sich noch ein Bier, Jan ließ sich die zweite Rotweinflasche kommen und die Frauen teilten sich weiter Wasser und Weißwein.

»Eva, wenn du erlaubst, dann fahre ich jetzt mit unserem möglichen Plan fort«, sagte Guntram. Sie nickte. »Gut, also, die Küstenwache hatte nichts, was uns weiterhelfen könnte. Alles, was wir im Moment haben, ist ein toter Kollege aus Osnabrück. Keiner weiß, wie er hier an den Strand gekommen ist. Vermutlich wurde er aber mit einem Schiff hierher gebracht. Alles andere würde mich wundern.«

»Nun ja«, meinte Eva. »Das Schiff ist die eine Theorie. Genauso gut kann er aber doch auch hier in einem Hotel oder so gewohnt haben.«

»Natürlich«, stimmte Guntram zu. »Aber bisher gibt es keinen Hinweis darauf, sagt unser Inselkommissar.«

»Das ist aber doch bei dem Menschenandrang zurzeit auch nur eine Vermutung. Das Opfer muss ja nicht unbedingt in einem Hotel gewohnt haben.« Eva blieb hartnäckig. Auch das gefiel Guntram. Jürgen hatte übrigens die Gelegenheit, als Lisa zur Toilette gegangen war, genutzt, und sich auf ihren Platz gesetzt, so dass er jetzt neben Eva saß. War er etwa eifersüchtig, weil Guntram sich so gut mit ihr unterhielt? Nun, sein Problem war es nicht. Er war nicht auf Frauensuche. Sein Blick wanderte wieder zu Katrin, die an Jan Krömers Lippen hing. Das hätte er sich nur ein einziges Mal in den letzten Jahren gewünscht, dachte er wehleidig. Sein leeres

Zuhause fiel ihm ein. Whisky, sein Hund, war in einer Tierpension untergebracht. So weit war es schon gekommen. Er spürte, dass Eva und die anderen ihn jetzt anstarrten, weil er nichts erwidert hatte auf ihren Einwurf.

»Ja ... also, das stimmt natürlich alles, was du sagst Eva. Aber ich würde trotzdem gerne bei der Annahme bleiben, dass es ein Schiff war. Und vielleicht haben wir ja Glück, und es ergibt sich etwas.«

»Von mir aus.« Eva spielte an ihrer Serviette herum, die noch unbenutzt an ihrem Platz lag.

»Jan, du wolltest dich doch mit der Dienststelle in Osnabrück in Verbindung setzen. Ist dabei etwas herausgekommen?«

Jan Krömer setzte sein Rotweinglas an den Mund und sah versonnen in die Runde. Er trank einen Schluck und alle anderen Geräusche verstummten. Das ist Charisma, dachte Eva bewundernd. Er war aber auch wirklich ein ausgesprochen attraktiver Mann.

»Also«, begann Jan, der sein Glas noch immer in der Hand hielt und das Licht darin beobachtete. »Man wusste eigentlich erstaunlich wenig über Sebastian. Er war ein absoluter Einzelgänger und von den Kollegen weiß offensichtlich niemand, was er an diesem Wochenende vorgehabt hat.«

»Dann hat er ja wohl viel mit dir gemeinsam«, meinte Lisa nachdenklich. »Und doch muss es jemanden geben, der ihn hier nach Borkum gebracht hat, um ihn dann zu ermorden.«

»Ich könnte morgen mal nach Osnabrück rüberfahren, um direkt mit den Kollegen dort zu sprechen«, schlug Jan vor.

»Das macht Sinn«, sagte Guntram. »Wir sollten sowieso für jeden am Tisch für morgen einen Auftrag verteilen, und uns dann morgen Abend mit den Ergebnissen beschäftigen.«

»Ich könnte mich auf der Insel umhören. In den Hotels und Pensionen«, sagte Lisa.

»Ich begleite dich«, sagte Katrin.

»Okay.« Guntram zog seinen Notizblock hervor und schrieb sich etwas auf. »Eva, du könntest mich zur Küstenwachc begleiten«, sagte er wartete auf ihre Antwort und griff dabei zu seinem Bier.

»Ja, und Jürgen könnte sich um die touristischen Aspekte kümmern.«

»Was auch immer das sein soll ...» Guntram notierte sich auch das.

Wieso reagiere ich eigentlich so auf diesen Jürgen?, fragte er sich, als er seinen Namen schrieb. Vielmehr hätte ihm doch dieser Krömer im Magen liegen müssen, der sich ganz unverhohlen an Katrin ranmachte. Das war doch einfach nicht zu übersehen. Verdammte Gefühle. Er wusste ja, dass sie nur gute Freunde waren, doch irgendwie tat es weh, sie mit einem anderen Mann zu sehen.

»So, das klappt ja hervorragend«, sagte er und steckte seinen Notizblock ein. »Eva, würdest du bitte den Tisch wieder für morgen Abend reservieren.«

»Zu Befehl«, sagte sie und nahm einen großen Schluck Weißwein. Außerdem hatte ihr Jürgen hin und wieder einen Schnaps rübergeschoben, den er vom Tresen geholt hatte. Sie war jetzt leicht beschwipst und ihre Laune stieg. Wer war schon dieser Guntram? Sollte er sich doch als Boss aufspielen. Es würde sich schon noch zeigen, wer den Fall am Ende aufklärte. Wahrscheinlich wäre es Jan. Sie lehnte ihren Arm auf und stützte ihr Gesicht auf ihre Hand. Sie kicherte und Jürgen stieß sie von der Seite an. Wer hätte gedacht, dass ein paar freie Tage mit den Kolleginnen so enden würden? Jetzt saßen sie mit den Männern an einem Tisch, über die sie doch so schön herziehen wollten. Irgendwie war das ungerecht.

Der Abend verlief weiter harmonisch und der Alkohol floss in Strömen. Guntram hatte sich mit Jürgen und Jan eine Flasche Whisky organisiert und die Männer rotteten an einem Tisch zusammen, während die Frauen am anderen saßen und tuschelten. Katrin sah immer wieder verstohlen zu Jan herüber, dem das Machogetue offensichtlich nicht behagte. Allerdings sagte er zum Whisky nicht nein.

Als Eva später in ihrem Bett lag, drehte sich die Decke über ihr und sie schloss schnell die Augen. Die Frauen waren gegen zwei Uhr gegangen, während die Männer über Gott und die Welt fachsimpelten. Mittlerweile hatte auch Jan Gefallen an der Runde gefunden und gab einen Einblick in seine Arbeit als Profiler. Sie besprachen den letzten Mordfall um die *Fallensteller* in Ostfriesland. Und hätte er nicht das leere Haus entdeckt, wer wusste schon, ob man den Täter jäh gefasst hätte.

Eva träumte davon, dass Jan Krömer ihr eine Schlinge um den Hals legte.

## Jan Krömer in Osnabrück

Jan war schon um sechs Uhr aufgestanden. Geschlafen hatte er kaum. Seine Gedanken wanderten immer wieder zu Katrin. Sie hatte ihm erzählt, dass sie ein Kind hatte. Sarah. Als er sie nach dem Erzeuger gefragt hatte, erfuhr er auch die tragische Geschichte dahinter. Wie konnte ein Mann so etwas tun? Er war fassungslos gewesen. Und zum Glück konnte er seine ganze Abscheu gegen die Menschheit bald darauf im Whisky ertränken. Entgegen seinen Erwartungen fand er Guntram dann doch irgendwie sympathisch. Er hatte sich für Katrin mächtig ins Zeug gelegt und war der Spur ihrer Vergewaltigung bis nach München gefolgt. Würde er selber so etwas auch für Lisa tun? Oh ja, auf jeden Fall. Es war komisch, man wuchs mit seinen Kollegen zusammen. Und mehr noch, wenn sie weiblich waren. Und dabei spielte es gar keine Rolle, ob man auch körperlich von ihnen angezogen wurde. Man stand einfach zueinander, weil man sich vertraute. Das war gerade in ihrem Job von überlebenswichtiger Bedeutung. Vertrauen war alles.

Vertrauen? Vielleicht war das Sebastian zum Verhängnis geworden. Er hatte jemandem vertraut, sonst hätte er sich bestimmt gewehrt.

98

Jan hatte lange geduscht und sich dann unten im Hotel nur einen schwarzen Kaffee zum Frühstück bestellt. Von den anderen war noch niemand zu sehen gewesen. Doch seine Fähre fuhr gleich ab. Er war froh, dass er keinen Kater hatte.

Da es Sonntagmorgen war, waren nicht so viele Gäste an Bord. Das machte die Fahrt erträglich. Jan hasste es, unter so vielen Menschen zu sein. Vor allem, wenn es keinen Ausweg gab. Er suchte sich einen Platz am Fenster und sah auf die bewegte See. Wie viele Opfer mochte das Wasser wohl schon verschluckt haben? Es gab Menschen, die verschwanden, und nie wieder auftauchten. Menschen waren fragile Gebilde. Ihr Leben war endlich. Und sie wurden nicht gefragt, ob sie überhaupt Lust an der Teilnahme an dem, was man gemeinhin Leben nannte, hatten. Hätte man ihn gefragt, er hätte sicher abgewunken. Doch wenn er an Sebastian dachte, der war eigentlich gar nicht so trübsinnig gewesen, auch wenn er gerne für sich blieb. Er hatte ein Hobby, meinte Jan sich zu erinnern. War das nicht der Motorsport gewesen. Ja genau. Er hatte sich oft mit seiner Honda am Wochenende auf die Autobahn gesetzt und war zu Rennen gefahren. Oder hatte einfach mal ein paar Tausend Kilometer über die Autobahn gemacht. Das war seine Interpretation von Freiheit gewesen. Und wie war er jetzt aufs Meer geraten? Das war die spannende Frage, die Jan zu klären versuchte.

Die Fähre legte an. Jan hatte bereits den Fahrplan der Bahn studiert und wusste, dass er den Zug noch erreichen würde, wenn er jetzt ein Taxi fand.

Gute vier Stunden später stand Jan Krömer vor der Dienststelle in Osnabrück. Natürlich war die Besetzung nur fürs Wochenende ausgelegt, doch er hatte Glück und traf jemanden, der Sebastian näher gekannt hatte. Dieser Kollege bestätigte, was Jan schon wusste. Aber darüber hinaus gab er auch Auskunft über einen anderen Kollegen, mit dem Sebastian offensichtlich befreundet gewesen war. Es handelte sich um einen Frank Osterkamp, der allerdings an diesem Wochenende frei hatte. Nun ja, dachte Jan Krömer. Man konnte ja nicht nur Glück haben. Allerdings kannte der Kollege auch die Adresse von Frank Osterkamp in Osnabrück. Er lebe auch alleine, hatte er erfahren. Allerdings wusste der Kollege nicht, was Frank Osterkamp an seinem freien Wochenende vorhatte.

Eine halbe Stunde später klingelte Jan Krömer an dessen Tür. Niemand machte auf. Was ja auch nicht weiter verwunderlich war, wenn man frei hatte. Unschlüssig stand Jan vor dem Mehrfamilienhaus, wo Frank Osterkamp die Wohnung im zweiten Stock in der Mitte hatte. Die Fenster waren mit schweren Gardinen behangen und ließen keine neugierigen Blicke rein. Auf dem Klingelschild stand nur »Osterkamp«. Auch das fand Jan irgendwie ungewöhnlich. Sollte es etwa den Anschein erwecken, hier wohne eine ganze Familie? Und dann kam ihm noch etwas merkwürdig vor. Aus dem Briefkasten lugten drei große DINA4 Umschläge heraus. Die Post der letzten Tage war noch nicht entnommen worden. Wer machte so etwas? Niemandem Bescheid sagen, wenn er wegfuhr, damit sich jemand um den Postkasten kümmerte? Gerade in der heutigen Zeit, wo viele zwielichtige Personen doch nur darauf warteten, eine leere Wohnung für Einbrüche zu erspähen. Entweder hatte dieser Frank Osterkamp nichts, worum es sich zu kämpfen lohnte, oder er wollte niemanden in seine Wohnung lassen. Und das wiederum schärfte den Spürsinn von Jan Krömer. Neben den dicken Gardinen war das der zweite Punkt, der ihn nicht gehen ließ. Er musste einen Weg finden, in die Wohnung von Frank Osterkamp zu gelangen, egal wie.

\*\*\*

Die anderen hatten zusammen im Hotel gefrühstückt und teilten sich jetzt strategisch auf.

Eva und Guntram machten sich als Erstes mit der Inselbahn auf den Weg zur Wasschutzpolizeistation.

Dort empfing man sie herzlich doch mit dem gewissen Abstand, den sie Johann Schwieter, dem Inselpolizisten zu Schulden glaubten. Aber natürlich sahen sie auch ein, dass es sich bei dem Toten um einen Kollegen handelte, bei dem auch andere Polizisten betroffen waren und mithelfen wollten.

Am Ende gingen sie dann aber doch mit leeren Händen wieder raus. Es gab keine Auffälligkeiten bei den Sportbootschiffen.

»Vielleicht sollten wir einfach einmal einen kleinen Spaziergang zum Sportboothafen machen«, schlug Eva vor, als sie draußen vor der Tür standen. Die Sonne stand bereits hoch am Himmel und wärmte ihr Gesicht.

Sie sieht verdammt gut aus für ihr Alter, dachte Guntram. Wenn dieser Jürgen nicht wäre ... aber weiter wollte er auch nicht in diesen Gedanken einsteigen. Es gab Wichtigeres zu tun. Und am Ende spielte er auch nur aus lauter Eifersucht mit diesen Gedanken, wenn er ehrlich war. Zum Glück war dieser unsägliche Wochenendtrip ja irgendwann vorbei und er hätte Katrin wieder für sich ganz allein.

»Ja, prima Idee«, sagte Guntram. »Fühlen wir den reichen Säcken mal auf den Zahn.«

Was für eine rüde Ausdrucksweise dachte Eva amüsiert. Eigentlich passte dieser derbe Typ so gar nicht zu Katrin. Aber wie sagte man so schön, harte Schale, weicher Kern. Vielleicht bekam sie ja Gelegenheit, diesen noch ans Tageslicht zu befördern.

Sie liefen los und genossen die Aussicht auf die blaue See, die wie ein Spiegel vor ihnen lag. Es wehte kein Lüftchen.

»Und du lebst gerne auf einer Insel?«, fragte Guntram ungläubig.

»Mittlerweile schon«, antwortete Eva lachend. »Aber du hast recht, am Anfang war es schon ein bisschen merkwürdig, dass man nicht jederzeit überall hingehen konnte.«

»Langeoog ist ja auch nicht gerade eine große Insel. Aber für mich käme nicht einmal Borkum infrage. Ich brauche immer festen Boden unter den Füßen.«

»Ja, stimmt wohl. Aber wie gesagt, ich habe mich dran gewöhnt. Es hat auch seine Vorteile, das Inselleben.«

»Die da wären?«

»Hm ... es lässt sich nicht so leicht sagen. Aber es hat auch etwas Beruhigendes, wenn das Umfeld überschaubar ist.«

Guntram dachte einen Moment nach. »So aufregend ist es in Leer eigentlich auch nicht«, sagte er dann. »Doch es ist wohl die Tatsache, dass ich jederzeit überall hinfahren könnte. Das beruhigt mich nun wieder.«

Eva lachte. Auch dieses Lachen gefiel ihm ausgesprochen gut. Sicher war sie eine gute Freundin, wenn sie einem ihr Vertrauen schenkte. Jemand, auf den man sich hundertprozentig verlassen konnte.

»So, da wären wir.« Eva blieb stehen und hielt ihre Hand zum Schutz vor der Sonne über den Augenbrauen. »Sind schon sehr schöne Schiffe darunter. Hier liegt sicher ein Vermögen im Hafen.«

Guntram nickte. »Ganz bestimmt. Doch auch in gehobenen Kreisen gibt es jede Menge Verbrechen.«

»Wem sagst du das«, seufzte Eva und dachte an die letzte Mordermittlung, wo sie es sogar mit einem Adeligen zu tun gehabt hatte.

Sie sahen einen Mann in weißem Dress auf einem Segelschiff hantieren.

»Moin«, rief Guntram und winkte.

Der Mann sah sich suchend nach der Stimme um, die ihn bei seiner Arbeit gestört hatte. Dann sah er die beiden am Ufer stehen.

»Kann ich Ihnen helfen?«, fragte er mürrisch.

»Wir sind von der Polizei«, sagte Guntram. »Es geht um

den Toten, den man vor ein paar Tagen am Strand hier auf Borkum gefunden hat.«

»Davon weiß ich nichts«, sagte der Mann und wandte sich wieder seiner Vertäuung zu.

»Sie sind also noch nicht so lange hier?«

Der Mann drehte sich wieder zu ihnen um. »Nein, ich habe erst gestern Abend angelegt und will auch heute Nachmittag schon wieder weiter. Vielleicht kann Ihnen ein anderer weiterhelfen.«

»Ja sicher«, sagte Guntram. Er zog seinen Notizblock heraus und notierte sich den Namen *Sybille,* der in Schönschrift auf der Yacht stand.

»Na, hoffentlich sind die nicht alle so unfreundlich«, sagte Eva, als sie weiterliefen.

»Stimmt, der war wirklich wenig zugänglich. Dabei haben wir doch nur eine einfache Frage gestellt.«

»Manche Menschen geraten schon bei der kleinsten Ablenkung aus der Fassung«, sagte Eva.

»Interessant. Vielleicht ist auch unser Täter aus der Fassung geraten.«

»Du meinst, es war ein nicht geplanter Mord?«

»Könnte doch sein.«

»Sicher. Sein kann alles. Aber was ändert das an der Tatsache, dass wir jetzt einen Toten haben?«

»Ich dachte nur gerade, dass dieser Kotzbrocken von eben vielleicht gar nicht alleine war, als er hier angelegt hat.«

»Stimmt, wir wissen ja gar nicht genau, ob er alleine war. Wir haben ja nicht gefragt.«

»Auch wieder wahr. Aber da er nicht so gesprächig war ... vielleicht haben wir zu früh aufgegeben. Das ist sonst gar nicht meine Art.«

»Er war ja nicht unser Hauptverdächtiger, Jochen. Mach dir keine Gedanken.«

»Mach ich aber. Mein Gefühl sagt mir, dass er nicht ohne Grund so schroff reagiert hat. Eigentlich habe ich nur aus Rücksicht auf dich nicht weiter nachgefragt.«

»Wie bitte? Jetzt soll es meine Schuld sein?« Eva stemmte ihre Hände in die Seite und bäumte sich auf.

»Siehst du, so leicht kann man außer Fassung geraten«, sagte Guntram lachend.

»Sehr witzig.« Eva stieß mit dem Fuß gegen einen Stein und schleuderte ihn ins Wasser.

Sie waren ein gutes Stück gelaufen, hatten aber sonst keine Menschenseele getroffen.

»Komm, wir drehen um und befragen ihn nochmal«, schlug Guntram vor.

Doch als sie an der Stelle, wo vorhin noch das Boot gelegen hatte, ankamen, da war es nicht mehr da.

»Ich habe doch gewusst, dass da etwas faul ist«, schimpfte Guntram.

»Und alles meine Schuld, ich weiß.« Eva hielt die Hand vor den Mund und gähnte. »Aber du weißt ja, wie das Boot heißt, vielleicht hilft das weiter.«

»Ja, zum Glück habe ich mir den Namen aufgeschrieben«, triumphierte Guntram.

\*\*\*

Katrin und Lisa saßen in einem Eiscafé und lästerten über die Urlauber, die in bunten kurzen Hosen und Latschen an ihnen vorbeischlenderten.

»Ich glaube, wir haben die schwierigste Aufgabe«, lachte Lisa und schob sich genüsslich eine ganze Erdbeere in den Mund.

»Ja, das hast du geschickt eingefädelt«, stimmte Katrin in die gute Laune mit ein. Es tat ihr gut, mal mit einer Frau in etwa ihrem Alter unbeschwert zu sein. Sie hatte sich auf Anhieb mit Lisa verstanden. Und so konnte sie auch mal das ganze Elend der letzten Monate abschütteln. Vielleicht machte ja wirklich der ständige Umgang mit dem alten Brummbären Jochen ihr Leben so trübsinnig. Sie musste einfach mal mehr unter Leute ihresgleichen. Er musste endlich lernen, sein Leben zu leben. Doch sie tat ihm

Unrecht. Immer hatte sie dieses schlechte Gewissen, wenn sie sich erlaubte, einmal auch an sich zu denken. Sie waren wie eine Schicksalsgemeinschaft. Ob sie jemals von ihm loskäme?

»Was denkst du?«, fragte Lisa, die bemerkt hatte, dass sich Katrins Gesichtszüge verdunkelt hatten.

»Ach ... nicht so wichtig. Das Eis schmeckt wirklich phantastisch.« Sie setzte ihr Lächeln wieder auf.

»Du magst Jan, hab ich recht?« Lisa machte offensichtlich keine Umwege, um ihre Neugier zu befriedigen.

Katrin nickte. »Doch, er ist ganz nett.«

»Das ist wohl die Untertreibung des Jahres«, lachte Lisa. »Ich habe doch genau gesehen, wie gut ihr beiden euch gestern Abend unterhalten habt.«

Wie sollte Katrin jetzt reagieren? Stand Lisa vielleicht auf Jan und war jetzt eifersüchtig? Das wäre wirklich zu schade, wenn ihr gutes Verhältnis darunter leiden müsste.

»Doch, es stimmt, wir haben uns gut unterhalten. Ich hatte das Gefühl, dass ich ihm vertrauen kann.« Katrin rührte in ihrem Eisbecher herum.

»Doch das kann man. Und he, mach dir keine Sorgen. Ich habe nichts mit Jan und will auch nichts von ihm. Außer natürlich seine Kollegin sein. Wir arbeiten wirklich gut zusammen. Und die Arbeit mit ihm ist immer spannend.«

»Das glaube ich gerne. Er hat so etwas ... ich weiß gar nicht, wie ich es sagen soll. Er wirkt oft so abwesend, als wenn er mit seinen Gedanken ganz woanders ist. Und doch hört er genau zu, wenn man etwas sagt.«

»Ja, so ist er wohl. Er kann vieles gleichzeitig, seinen Gedanken nachhängen und dir trotzdem immer die Antworten geben, die du erwartest.«

»Multitasking«, sagte Katrin lachend. Die Stimmung hatte sie noch einmal rumgerissen. Und insgeheim freute sie sich schon darauf, Jan heute Abend wiederzusehen. Doch das behielt sie jetzt lieber für sich.

»Du sag mal Katrin, hast du wirklich noch Lust, weitere Hotels abzuklappern?«

»Nicht wirklich. Es hat ja auch nichts gebracht bisher.«

»Wir könnten vielleicht bei dem Johann Schwieter vorbeischauen. Vielleicht hat der was Neues.«

»Na, ob der sich freut, wenn wir da schon wieder aufkreuzen? Wohl eher nicht. Nein, lass uns einfach den Tag genießen. Man kommt so selten dazu. Und es ist so lange her, dass ich so ein schönes Wochenende erlebt habe.«

»Du hast recht, Katrin.« Lisa sah verschmitzt zu ihr herüber. »Außerdem haben wir ja Eva, die wird das Ding schon schaukeln.« Sie hörte, wie ihr Handy ihren Lieblingssong spielte. Es war eine SMS gekommen. Sie zog das Handy aus der Hosentasche. »Oh, von Jan ...« Sie öffnete den Account und las:

*Lisa, ich mache mich jetzt auf den Weg nach Borkum und muss dich dann sofort unter vier Augen sprechen. Kein Wort zu irgendwem. Jan*

»Na, was Wichtiges?«, fragte Katrin, als sie Lisas verstörten Gesichtsausdruck bemerkte.

»Nein nein ... Jan kommt bald zurück.«

»Und warum machst du dann ein so betretenes Gesicht?«

»Ach, bei ihm weiß man ja nie. Komm lass uns von was anderem sprechen.« Sie stellte das Handy auf lautlos und schob es wieder in ihre Hosentasche.

***

Jürgen hatte wohl von allen die lukrativste Aufgabe erwischt an diesem Tag. Schon seit Stunden saß er mit Hein Bredach in der Touristinfo und ließ sich die Sehenswürdigkeiten von Borkum in den schillerndsten Farben präsentieren. Dazu hoben sie ab und zu einen, wie man es vom Elführtje her kannte, und fachsimpelten über

Sand und wie er zu einer Insel wurde, mit der die Menschen ihren Traum erfüllten.

»Es ist doch so«, sagte Hein. »Wenn wir nicht wären, wo wären wir dann.«

»Ja, das ist was dran«, erwiderte Jürgen und kicherte. Selten hatte er sich so gut amüsiert.

»Und auf Langeoog läuft's gut?«

»Ich kann nicht klagen. In der Saison habe ich alle Hände voll zu tun. Die Gäste kaufen Postkarten, als wären sie gerade erfunden worden.«

»Kenn ich. Aber geht uns ja auch so, wenn wir mal verreisen. Hier, die Karte schenke ich dir.« Hein reichte Jürgen ein Foto mit viel Wasser drauf. Beide mussten lachen.

»Und jetzt die Sache mit dem Toten am Strand«, sagte Jürgen, um endlich auf den Punkt zu kommen. Heins Zunge schien ihm locker genug. Und wer mit so viel Menschen zu tun hatte, der konnte doch immer was erzählen.

»Ja, fiese Sache. Aber bleibt wohl nicht aus, Schwund ist überall.«

»Auf Langeoog auch«, lachte Jürgen. »Und ich bin mit der Inselpolizistin Eva Sturm per Du und erfahre immer alles aus erster Hand.«

»Na guck mal ... leider haben wir keine Frau und mit dem Johann, nun das ist ein alter Stinkstiefel, wenn du mich fragst.«

»Ich weiß, ich hab ihn schon kennen gelernt.«

»Tatsächlich ...«

»Ja, der Tote ist nämlich ein Kollege von Eva.«

»Ach was?«

»Ja. Und deshalb wollte sie natürlich alles darüber wissen.«

»Verstehe. Und du kriegst wieder alles aus erster Hand.«

»Genau.«

»Und warum bist du überhaupt hier? Ich meine, ihr seid doch nicht zusammen verreist. Oder etwa doch?« Hein machte Stielaugen und beugte sich verschwörerisch zu Jürgen herüber.

Jürgen entschied, dass Hein nicht alles wissen musste. »Nein, um Himmels willen, soweit geht's nun auch wieder nicht. Es kam nur eins zum andern, wenn du verstehst.«

Hein nickte und gab sich zufrieden. Offensichtlich wollte er sich nicht die Blöße geben, dass er nur Bahnhof verstand. Stattdessen schenkte er noch einen Klaren ein.

»Prost«, sagte Hein und stieß mit Jürgen an.

»Und was erzählt man sich hier bei dir so von dem Toten?«, fragte Jürgen beiläufig.

»Ach ... dies und das. Du weißt ja, die Leute reden viel. Aber was Genaues weiß eigentlich keiner. Sowas ist meistens schnell wieder vergessen in dem Trubel hier.«

»Ja, alles sehr schnelllebig heutzutage. Die Toten kommen und gehen ...«

Sie klopften sich auf die Schenkel und Hein schenkte nochmal nach.

Jürgen beschloss, sich gleich noch einmal hinzulegen, bevor er die anderen wieder zum Abendbrot traf.

## Lisa und Jan

Lisa hatte sich unter dem Vorwand, sie müsse sich noch ein wenig ausruhen, von Katrin verabschiedet und war auf ihr Hotelzimmer gegangen. Jan musste jeden Augenblick kommen. Was war nur so wichtig, dass es niemand sonst erfahren durfte? Was hatte er in Osnabrück in Erfahrung gebracht?

Immer wieder lief sie zum Fenster und sah zum Strand, wo sich viele Urlauber tummelten. Aus der Entfernung sah die Welt immer in Ordnung aus.

Es klopfte an ihre Tür. Schnell lief sie hin und öffnete.

»Jan, endlich.« Sie zog ihn am Ärmel ins Zimmer und schloss schnell die Tür. »Was ist denn passiert? Du machst es wirklich spannend.«

»Lass mich erst mal ankommen«, bat Jan. Er wirkte fix und fertig. Das konnte unmöglich von der Fahrt nach Osnabrück kommen. Er sah aus, als trage er eine große Last. So sah er immer aus, wenn er kurz vor der Lösung eines Falles war. Lisa ahnte, dass sich ein großes Unheil über ihr zusammenbraute.

Jan setzte sich in einen Cocktailsessel und machte die Beine lang. Dabei wich er ihrem Blick aus.

»Jan, du machst mich ganz nervös.« Lisa setzte sich auf ihre Bettkante und verschränkte die Hände ineinander. Ihr Gesicht war kreidebleich.

»Ich weiß gar nicht, wie ich es sagen soll ...« Jan setzte sich aufrecht hin und sah ihr ins Gesicht. Sein Blick war voller Mitgefühl.

»Dann mach es kurz. Ich halte die Anspannung echt nicht mehr aus.«

»Okay. Ich war in der Dienststelle in Osnabrück und habe nach Sebastian gefragt.«

»Das weiß ich schon.«

»Ja. Und da konnte man mir gar nicht so viel sagen, nur, dass Sebastian einen Kumpel hat in der Dienststelle, mit dem er offensichtlich das Wochenende verplant hatte. Er heißt Frank Osterkamp und hatte auch frei.«

»Osterkamp? Der Name sagt mir nichts«, sagte Lisa. Irgendwie war sie erleichtert. Sie wusste selber nicht warum.

»Ich habe dann versucht, Frank Osterkamp ausfindig zu machen. Ich war an seiner Wohnungstür, aber er war nicht da.«

»Na, kein Wunder, wenn er zusammen mit Sebastian unterwegs war.« Plötzlich schaltete sie. »Du glaubst, es gibt noch einen Toten? Frank Osterkamp ist auch tot? Wir müssen ihn suchen?«

Jan hätte sich nichts lieber gewünscht, als dass es so gewesen wäre, wie Lisa jetzt vermutete. Doch er schüttelte bedauernd mit dem Kopf.

»Es ist schlimmer«, sagte er leise. Er sah, dass Lisas Finger zitterten.

»Was könnte denn noch schlimmer sein?«, fragte sie mit ersterbender Stimme. »Was? Jan?«

Jan stand auf und lief zum Fenster und drehte ihr den Rücken zu.

»Ich glaube, dass Frank Osterkamp Sebastian umgebracht hat.« Jetzt war es endlich raus.

Lisa stand schnell neben ihm und sie sahen aufs Meer.

»Okay«, sagte sie nüchtern. »Auch in dem Fall müssen wir Frank Osterkamp jetzt wohl finden. Aber sag mal, warum ist das denn so dramatisch, dass du mich in aller Heimlichkeit sprechen musstest? Da steckt doch noch mehr dahinter? Hab ich recht?« Sie sah ihn jetzt an. Er spürte den bohrenden Blick.

»Ja, es ist noch schlimmer«, sagte er schließlich und drehte sich zu ihr. »Wir sollten uns vielleicht wieder setzen. Oder vielleicht noch besser, wir legen uns auf dein Bett. Ich bin wirklich völlig K.O.«

»Na gut«, sagte Lisa, »von mir aus auch das. Aber ich will jetzt endlich wissen, was los ist.«

So lagen sie dann da und sahen beide an die Decke. Schließlich ergriff Jan wieder das Wort, aber nicht, ohne Lisas Hand zu nehmen und zu streicheln.

»Jan, du machst mir furchtbare Angst«, flüsterte Lisa. Seine Berührung tat ihr gut.

»Du musst jetzt keine Angst mehr haben, Lisa, das verspreche ich dir.« Er drehte sich ihr zu und sie sahen einander tief in die Augen. »Dieser Frank Osterkamp, den du nicht kennst«, sprach er weiter, »er ist derjenige, der dich so lange mit seinen Anrufen terrorisiert hat.«

Lisa Mundwinkel bebten. Tränen traten in ihre Augen. Es war, als würde eine große Last von ihr genommen, die sie so lange im Unterbewusstsein blockiert hatte. Sie schluckte hart.

»Bist du sicher?«, fragte sie nur. Dann versagte ihre Stimme.

Jan nickte. »Ja, ich bin mir ganz sicher.«

»Oh mein Gott, was hat das alles zu bedeuten?« Lisa weinte jetzt und er nahm sie in den Arm und hielt sie ganz fest. Sie zitterte.

»Ich weiß nicht, warum er das getan hat.«

117

»Aber warum weißt du denn, dass er es war? Du hast doch gesagt, dass er nicht da war, als du an seiner Tür warst.«

»Das stimmt. Er war nicht da. Aber irgendetwas sagte mir, dass ich in seine Wohnung muss.«

»Du bist eingebrochen?« Lisa wischte sich übers Gesicht und sah ihn ungläubig an.

Jan nickte. »Ja, ich war in seiner Wohnung ...«

»Und was war so interessant dort?«

Jetzt setzten sich beide auf. Lisas Tränen waren versiegt und ihr Gesicht hatte lauter rote Flecken.

»Eigentlich war alles gewöhnlich in seiner Wohnung. Eben eine Junggesellenbude«, fuhr Jan fort und strich ihr eine verklebte Haarsträhne aus dem Gesicht. Sie sah ihn mit großen Augen an. »Doch dann habe ich ein Zimmer entdeckt ...« Er stockte.

»Ein Zimmer?«, wiederholte Lisa. Ihre Hände krallten sich in der Bettdecke fest.

»Es war ... also, es stand nur ein Schreibtisch darin mit einem Computer und einem Stuhl. Sonst war da nichts.«

»Jan, du machst mich wahnsinnig ...«

»Sorry, das wollte ich nicht. Wie gesagt, es waren nur diese paar Möbel darin, aber ... aber an der Wand, da ...«

»Fotos?«, fragte Lisa.

Jan nickte.

»Was für Fotos?«

»Es waren Fotos von Frauen«, sagte er schließlich. »Nichts Sexistisches«, ergänzte er schnell. »Es waren Fotos von Frauen in ganz gewöhnlichen Alltagssituationen. Beim Einkaufen, im Auto oder beim Spaziergang.«

»Und ich war auch dabei, nehme ich an«, sagte Lisa matt.

Jan nickte.

»Oh mein Gott«, stieß Lisa aus. »Er hat mich verfolgt ... er war überall.« Fassungslos griff sie sich ans Herz.

»Und er hat dich angerufen.«

»Anonym ... und er hat nie etwas gesagt. Immer nur geatmet.« Sie überkam eine Gänsehaut bei dem Gedanken.

»Davon gehe ich aus, dass er es war. Denn er hat in seinem PC praktisch ein Tagebuch über dich angelegt. Er wusste alles über dich. Wann du zur Arbeit gehst, mit wem du gesprochen hast ...«

»Dieses Schwein!«, stieß Lisa aus und ballte ihre Fäuste. »Ich hoffe für ihn, dass er tot ist. Denn sonst erledige ich das für ihn.«

»Ich verstehe, wie du dich jetzt fühlen musst«, sagte Jan teilnahmsvoll. »Aber irgendwann wirst du vielleicht auch die positive Seite sehen. Nämlich, dass es jetzt endlich vorbei ist. Egal ob er tot ist oder lebendig. Wir werden ihn schnappen und der Telefonterror hat ein Ende.«

»Ja, du hast recht.« In Lisa war nur noch Leere. Es war, als hätte man ein Geschwür entfernt. »Aber das war noch nicht alles, oder?« Sie hatte natürlich geschaltet und sofort an Eva und Katrin gedacht.

»Nein, leider nicht«, bestätigte er.

»Eva und Katrin?«

Er nickte. »Ja, von ihnen gab es auch jede Menge Fotos …«

»Und ein Tagebuch, nehme ich an.«

»Ja, auch das.«

»Dann hat er Eva diese anonymen Briefe geschrieben … und er hat …« Sie schaffte es nicht, den Satz zu vollenden.

Jan übernahm das für sie. »Ja, er hat Katrin vergewaltigt. Das Kind von dem Unbekannten, es ist mit aller Wahrscheinlichkeit von Frank Osterkamp.«

»Oh mein Gott!« Lisa schlug die Hände über dem Kopf zusammen. Es schien, als würde dieses Wochenende das schlimmste in ihrem Leben werden.

»Es gab dort in der Wohnung auch jede Menge Fotos von Katrin und Sarah«, sagte Jan. »Dieses verdammte Schwein.«

»Wie sollen wir das Katrin nur beibringen?«, fragte Lisa hilflos. Nach dieser Erkenntnis kam ihr ihre Angst vor den anonymen Anrufen, die jetzt ein Ende hatten, wieder einmal total albern vor.

»Ich denke, es ist das Beste, wenn du ihr das sagst«, meinte Jan. »So von Frau zu Frau.«

Lisa nickte. »Ja, ich muss das machen. Das bin ich ihr schuldig.«

## Lisa und Katrin

Jan war auf sein Zimmer gegangen und Lisa hatte sich das Gesicht immer wieder mit kaltem Wasser abgespült, bis die roten Flecken nicht mehr so deutlich zu sehen waren. Sie packte sich eine Packung Taschentücher ein, bevor sie an Katrins Tür klopfte. Es würde hart werden.

»Lisa? Ist was passiert?« Katrin wirkte verschlafen, als sie öffnete. »Ich habe ein bisschen auf dem Bett gelegen und gedöst«, entschuldigte sie sich.

»Kein Problem«, sagte Lisa, »darf ich reinkommen?«

»Aber natürlich.« Katrin schob die Tür ganz auf. »Wir könnten aber auch nach draußen gehen, das Wetter ist ja schön.«

»Nein, lass uns lieber hierbleiben.« Lisa lief zum Fenster und sah aufs Wasser.

Katrin schloss die Tür und stellte sich neben sie.

»Ich werde das Gefühl nicht los, dass du mir etwas sagen willst, Lisa.«

Lisa nickte. »Ja«, flüsterte sie, »und es fällt mir verdammt schwer.« Sie schluckte und konnte kaum die ersten Tränen, die sich in ihren Augen sammelten, zurückhalten. Es war alles einfach noch zu frisch.

»Du machst mir Angst, Lisa«, sagte Katrin und wich instinktiv zurück.

»Wir müssen keine Angst mehr haben«, stieß Lisa aus und fing an zu weinen. Im nächsten Moment hatte sie die Arme um Katrin geschlungen und schob sie so zum Bett.

»Mein Gott Lisa ...«

Katrin und Lisa ließen sich jetzt auf die Bettkante sinken.

Lisa zog ein erstes Taschentuch aus der Packung und schnäuzte sich. »Du erinnerst dich sicher an die SMS von Jan, als wir vorhin im Eiscafé saßen«, begann Lisa mit belegter Stimme.

»Ja sicher ...« Katrin sah sie immer noch verwirrt an.

»Es ist so«, fuhr Lisa fort und nahm allen Mut zusammen. Sie musste sich jetzt um Katrins willen zusammenreißen. »Jan war in Osnabrück wegen Sebastian und dabei hat er erfahren, dass Sebastian einen sogenannten besten Kumpel in der Dienststelle hatte, der Frank Osterkamp heißt.«

»Okay ... und warum ...«

Lisa griff nach Katrins Hand. »Lass mich bitte weiterreden, es ist so schon schwer genug für mich ... bitte.«

Katrin nickte und bestätigte Lisas Händedruck.

»Er ist dann zu der Wohnung von dem Osterkamp gefahren, weil der Kollege auch Urlaub hat an diesem Wochenende. Und dann war keiner da und dann ist er in die Wohnung eingebrochen und dann hat Jan da etwas entdeckt, das ...« Lisas Stimme überschlug sich jetzt. »Katrin! Dieser Frank Osterkamp ist der Mann, der uns so lange gequält hat ...« Jetzt war es raus.

Katrin wich zurück und sprang vom Bett auf. »Was meinst du damit?«, fragte sie, obwohl sie längst ahnte, was das bedeutete. Sie war nicht dumm. Doch irgendetwas in ihre sträubte sich, das eben gehörte zu akzeptieren.

»Er war es, der mich ständig angerufen hat, er hat Eva anonyme Nachrichten geschrieben ... und er ...« Ihre Stimme versagte und Tränen liefen über ihr Gesicht.

»Nein!« Katrin hob abwehrend die Hände. »Nein!«, schrie sie jetzt. »Sag, dass das nicht wahr ist. Er ist nicht der Vater von Sarah! Nein ...«

»Doch ...«, sagte Lisa leise.

Und Katrin ging vor Schmerz in die Knie. Sie konnte nichts mehr sagen. Die Erkenntnis, dass das Geheimnis, das sie monatelang in ihrer Schwangerschaft mit sich herumgetragen hatte, das Verbrechen, das jemand an ihr verübt hatte, dass dieses Geheimnis jetzt gelöst sein sollte, es traf sie ein Keulenschlag. Lisa war in Sekundenschnelle bei ihr und nahm sie in den Arm.

»Es tut mir so leid«, flüsterte Lisa und schaukelte Katrin behutsam hin und her. »Aber wir kriegen dieses Schwein, das verspreche ich dir.«

Es vergingen einige Minuten, in denen die beiden Frauen sich hielten. In denen aller Schmerz sich Bahn brach. Und Lisa wusste, dass sie jetzt für Katrin stark sein musste. Denn sie hatte das Schlimmste von ihnen allen Dreien erlebt. Sie würde ihr, egal was kam, zur Seite stehen.

»Katrin, du bist nicht allein«, sagte sie schließlich, als sie ihre Knie nicht mehr spürte.

Die beiden kamen aus der Hocke vom Boden hoch und zogen sich zusammen zum Bett herüber, wo sie sich lang ausstreckten.

»Ich kann es einfach nicht glauben«, sagte Katrin tonlos. »Ich frage mich gerade, was schlimmer ist. Etwas nicht zu wissen, oder die Wahrheit zu erfahren.«

»Ich glaube, die Wahrheit ist am heilsamsten«, sagte Lisa. »Man kann seinem Feind dann in die Augen sehen und ihn ...«

»Ich bringe ihn um, wenn er mir jemals unter die Augen tritt«, sagte Katrin mit einer Bestimmtheit in der

Stimme, die Lisa erschütterte. Aber sie konnte ihre Kollegin verstehen.

Lisa ging irgendwann, weil Katrin gerne einen Moment alleine sein wollte.

## Es bricht alles auf

Jan war, nachdem er Lisa alles erzählt hatte, an die Rezeption gegangen, um nach Guntram und Eva zu suchen. Sie mussten jetzt alles daran setzen, dass man Frank Osterkamp dingfest machte.

Er fand die beiden schließlich, nachdem er bei Eva angerufen hatte, in einem netten Café gleich um die Ecke.

»Jan, komm, setz dich zu uns«, rief Eva fröhlich, als sie ihn erkannte.

Guntram murmelte irgendwas.

»Hast du etwas herausbekommen in Osnabrück?«, fragte Eva.

Und dann erzählte Jan den beiden alles, was er eben auch schon Lisa geschildert hatte.

Eva reagierte recht gefasst auf die Nachricht, dass dieser Osterkamp ihr die bedrohlich wirkenden Nachrichten geschickt hatte. Und als sie davon hörte, dass dieser Mann vermutlich auch der Vater von Katrins Kind sein musste, war sie geschockt.

Und dann hätte man eine Kamera gebraucht, um das festzuhalten, was dann mit Guntram passierte. In Sekundenbruchteilen verwandelte er sich vom Brummbären in einen brüllenden Löwen. Er stieß böse undefinierbare Laute aus, schmiss seinen Stuhl um und rannte einfach weg in Richtung Hotel.

»Er geht jetzt sicher zu Katrin«, sagte Eva, während Jan den Stuhl wieder aufstellte.

»Sicher. Ich glaube, er wird den Kerl umbringen, wenn er den zwischen die Finger kriegt.«

»Das fürchte ich auch«, sagte Eva. »Er hat mir davon erzählt, wie er in München nach dem Täter gesucht hat. Der kann sich warm anziehen.«

»Du nimmst das Ganze recht gefasst auf, Eva.«

»Nun ja, was soll ich sonst machen? Mir tut nur Katrin so unendlich leid.«

»Gut, da du jetzt neben mir die Einzige zu sein scheinst, die noch klar denken kann, sollten wir beide vielleicht mit der Fahndung nach Frank Osterkamp beginnen.«

»Du hast recht. Wer weiß, vielleicht treibt er sich sogar noch hier auf Borkum herum. Krank genug ist der dafür ja offensichtlich. Vielleicht macht er sogar gerade ein Foto von uns.« Sie sah sich misstrauisch nach einem entsprechenden Beweis um. Doch es gab nichts Verdächtiges, das darauf hindeutete.

»Ich habe hier ein paar Bilder aus seiner Wohnung, die ausnahmsweise auch wohl ihn zeigen.« Jan schob sie zu

Eva herüber. Neugierig lenkte sie ihren Blick darauf. Dann schlug sie mit der Faust auf den Tisch.

»Das gibt es doch gar nicht!«, rief sie aus.

»Was ist? Kennst du ihn?«

»Und ob ich den kenne. Guntram und ich haben vorhin kurz mit ihm im Yachthafen gesprochen.«

»Das gibt es doch nicht ... dann müssen wir sofort dahin.«

»Das wird nichts bringen. Der ist schon über alle Berge. Er war mit einem Segelboot dort. Sybille hieß das Ding, glaube ich. Wir wollten ihm nur ein paar Routinefragen stellen, aber er hat total genervt reagiert.«

»Tja, jetzt weißt du auch warum.«

»Wohl wahr. Und als wir dann kurz darauf wieder zu seinem Anlegeplatz kamen, um nochmal nachzuhaken, da war er schon verschwunden.«

»Verdammt«, sagte Jan, »aber wir wissen jetzt jedenfalls, dass er ganz in der Nähe ist. Und die Sache mit dem Boot, das müsste uns doch auch weiterbringen. Lass uns sofort die Küstenwache informieren.«

»Ich hab die Nummer«, sagte Eva und zog ihr Handy aus der Tasche.

»Sie wollen alle Boote zusammentrommeln«, sagte sie nach dem Gespräch. »Sie haben auch Kontakte zu Seglern, sagte der Beamte. Die verstehen offensichtlich keinen Spaß, wenn einer von ihnen ihren Ruf zu ruinieren droht.«

»Das ist gut«, stimmte Jan zu. »Wir könnten jetzt zur Polizeistation gehen und den Schwieter mit ins Boot holen.«

»Sehr geistreich«, lachte Eva. Dann machten sie sich auf den Weg.

***

Von diesem ganzen Trubel bekam Jürgen nicht das Geringste mit. Er lag angezogen auf seinem Bett und schlief wie ein Baby. Der Vormittag bei Hein war erkenntnisreich und flüssig verlaufen. Als er geweckt wurde, war es kurz nach sechs. Jetzt wurde es Zeit, dass er sich duschte, um fit für den Abend zu werden. Er wunderte sich, dass Eva nicht versucht hatte, ihn anzurufen. Jetzt, da sie mit ihren Kollegen zusammen war, existierte er wohl nicht mehr, dachte er pikiert. Vielleicht war auch das der Grund dafür gewesen, dass er bei Hein so zugelangt hatte. Irgendwie kam er sich überflüssig vor. Er hätte sich schon ein wenig mehr Begeisterung gewünscht, weil er den weiten Weg nach Borkum auf sich genommen hatte, um nach ihr zu sehen. Doch stattdessen flirtete sie mit diesem Holzfäller aus Leer. Der ganze Katzenjammer brach über

Jürgen herein. Er musste nötig wieder einen klaren Kopf bekommen.

*** 

Als Katrin nach dreimaligem Klopfen endlich die Tür geöffnet hatte, war Guntram wortlos auf sie zugeschritten, hatte die Tür sachte wieder zufallen lassen und hatte sie in den Arm genommen.

Sie hatte geweint wie ein kleines Kind. War zusammengesackt und hatte sich von ihm zum Bett tragen lassen. Er hatte ihr über den Kopf gestreichelt.

»Es wird alles wieder gut«, hatte Guntram immer wieder gemurmelt. »Alles wird wieder gut ...«

Erst, als sie sich einigermaßen beruhigt hatte, fragte er:

»Glaubst du, dass du es schaffst?«

»Was meinst du?«, fragte sie mit verheulten Augen.

»Na, dass wir jetzt gemeinsam nach dem Schwein suchen. Ich mache den fertig, wenn ich den zwischen die Finger kriege.«

»Ich habe auch schon zu Lisa gesagt, dass ich ihn umbringen werde, wenn er mir je unter die Augen kommt. Aber ob man das dann wirklich tut ...«

»Ich auf jeden Fall.« Guntram ballte seine rechte Hand zur Faust.

»Das ist lieb von dir, dass du so hinter mir stehst.«

»Katrin, das ist doch selbstverständlich. Aber die Frage ist, wie es jetzt mit dir und Sarah weitergeht.«

»Was sollte sich da denn großartig ändern?«

»Du weißt jetzt, wer ...«

»... der Vater und der Vergewaltiger ist«, beendete Katrin den angefangenen Satz.

Guntram nickte. »Das kann verdammt hart werden.«

»Das stimmt. Aber vielleicht kann ich besser damit umgehen, wenn ich endlich Gewissheit habe. Ich habe doch irgendwie hinter jedem Mann den Täter vermutet, wenn ich ehrlich bin. Wem konnte ich noch trauen? Es musste ja nicht unbedingt jemand sein, den ich kannte, aber wer weiß das schon immer so genau.«

»Dieser Jan ist schon ein feiner Kerl«, sagte Guntram plötzlich. »Er hat wohl immer den richtigen Riecher.«

»Ja, er hat als Erstes Lisa informiert und die hat es dann mir erzählt. Aber jetzt sollten wir hier nicht länger herumjammern. Wir müssen das Schwein finden.«

»Das ist die richtige Einstellung, Katrin.«

»Ich gehe noch kurz ins Bad und dann legen wir los.«

Während sie sich frisch machte, rief Guntram bei Eva an. Er staunte nicht schlecht, als er erfuhr, dass der gesamte Ermittlungsapparat bereits in Betrieb gesetzt war.

»Wir treffen uns gleich unten im Hotel«, sagte er und nickte Katrin zu, die gerade aus dem Bad kam. Dann legte er auf. »Sie haben die Küstenwache bereits informiert«, erklärte er. »Jan und Eva sind jetzt noch bei Johann Schwieter, den sie auch gleich mit hierher bringen werden. Es kann nicht mehr lange dauern, da bin ich ganz sicher.«

Als sie auf den Flur traten, kam auch Lisa gerade aus ihrem Zimmer. »Jan hat mich angerufen«, sagte sie und nickte den beiden zu. Gemeinsam liefen sie dann zum Aufzug.

## Der lange Abend

Im Hotelrestaurant war noch nicht viel los. Johann Schwieter nahm den Platz von Jürgen ein, so dass Eva zum ersten Mal auffiel, dass sie ihn den ganzen Tag noch nicht gesehen hatte. Wo er wohl war? Aber das musste im Moment warten.

»Sie suchen auf Hochtouren«, sagte Guntram. »Es ist nur noch eine Frage der Zeit, dann haben wir den Kerl.«

»Ich muss schon sagen, verdammt gute Arbeit«, lobte Johann Schwieter und sah anerkennend in die Runde. Er wunderte sich, warum zwei der Frauen total verheult aussahen, fragte aber lieber nicht genauer nach. Da konnte man doch nur ins Fettnäpfchen latschen.

»Ich hoffe, du nimmst es uns nicht krumm, dass wir uns so eingemischt haben«, sagte Guntram und nahm einen ersten großen Zug von seinem Pils, das gerade gebracht worden war.

»Ne, gar nicht.« Schwieter war sogar ein bisschen erleichtert, dass er jetzt seinen gemütlichen Gang wieder einschalten konnte. Und es war ja keine Frage, wem die Ehre der Aufklärung am Ende wie ein Geschenk in den Schoß fiel. Die Zeitungen würden sich beim Loben überschlagen, dass der Fall so schnell gelöst war.

Katrin und Lisa saßen nebeneinander und Lisa griff unter dem Tisch immer wieder nach Katrins Hand.

Eva beobachtete die beiden und erkannte, wie sehr die beiden Frauen unter allem gelitten haben mussten. Sie waren noch so jung im Vergleich zu ihr und ihrer Erfahrung. Natürlich waren sie viel verletzlicher gewesen. Was Katrin wohl jetzt mit der Wahrheit anfangen würde? Und wie fühlte es sich für sie an, wenn sie dem Täter und gleichzeitig Vater ihres Kindes gegenüberstand? Würde sie das überhaupt wollen? Oder gar durchstehen können? Es war ihr klar, dass sie sich das Ausmaß dieser ganzen Tragödie nur ansatzweise ausmalen konnte. Es war grausam, was einigen Menschen widerfuhr, nur weil es andere gab, die sich über nichts auch nur die geringsten Gedanken machten. Was ging in so einem kranken Hirn vor? Was hatte diesen Frank Osterkamp angetrieben? Und dann die akribische Dokumentation von allem, was sie, Katrin und Lisa getan hatten. Was hatte ihm das gegeben? Waren es Machtgelüste? Wollte er sie alle in seiner Hand haben? Es machte selbst ihr eine Gänsehaut, dass Bilder von ihr in seinem Zimmer in Osnabrück hingen. So etwas ging an niemandem spurlos vorüber. Man konnte nie sicher sein. Das war die bitterste Erkenntnis. Es gab sie nicht, die perfekte Sicherheit. Auch nicht, wenn man bei der Polizei war.

Das Essen wurde serviert und auch Jürgen kam in das Restaurant geschlendert. Eva sah ihn als Erste.

»Jürgen, komm, wir rücken alle zusammen!«, rief sie, als sie seinen fragenden Blick sah, weil sein Stuhl besetzt war.

»Oh, ist das Ihr Platz?«, fragte Johan Schwieter verwirrt.

»Kein Problem«, sagte Eva und Guntram zog einen Stuhl vom Nachbartisch heran. Jürgen setzte sich und sah verwirrt von einem zum anderen. Es musste eine Menge an ihm vorbeigegangen sein. Er spürte die Anspannung an diesem Tisch. Und dann war auch der Inselpolizist dabei. Und Lisa und Katrin saßen da wie siamesische Zwillinge, die man nur mit Gewalt hätte trennen können.

»Es ist so nervig, wenn man zum Warten verdammt ist«, meinte Guntram, als er sich das zweite Pils bestellte.

»Ja, aber das bringt unser Job manchmal mit sich«, erwiderte Jan Krömer.

»Hast recht ... trotzdem geht mir das Ganze auf den Geist. Wenn wir bloß endlich einen Anruf kriegen würden.«

Guntram hatte den Kollegen von der Küstenwache eingebläut, dass man ihn auf jeden Fall anrufen sollte, sobald sich etwas Neues ergab. Egal wie spät es auch sein würde.

Eva beobachtete, wie Jürgen von einem zum andern schielte. Irgendwie tat er ihr ja leid. Doch wie sollte sie ihm jetzt in dieser Stimmung alles erklären? Sie versuchte immer wieder, seinen Blick zu kreuzen und lächelte ihm aufmunternd zu. Sobald sich die Gelegenheit ergab, würde sie ihm alles haarklein berichten.

Es war schon fast Mitternacht und sie waren die letzten Gäste im Restaurant. Eva hatte bei der Bedienung nachgefragt, ob es in Ordnung sei, wenn sie so lange wie nötig, hier sitzen bleiben würden. Man hatte um halb elf die letzten Getränke serviert und dann einen guten Abend gewünscht. So waren sie jetzt unter sich. Und keiner machte Anstalten, auf sein Zimmer zu gehen. Niemandem war danach zumute.

Jan hatte sich zwei Rotweinflaschen kommen lassen und Jürgen und Guntram teilten sich eine Flasche Whisky. Johann Schwieter hatte dankend abgelehnt und sich mit den Worten verabschiedet, dass ein alter Mann seinen Schlaf brauche.

· Jürgen hatte Eva dazu gebracht, sich neben ihn zu setzen. Sie schilderte ihm in groben Zügen, was geschehen war. Er fiel von einer Ohnmacht in die nächste und stieß bereitwillig mit Guntram an.

Lisa und Katrin unterhielten sich im Stillen.

Und Jan? Er blieb wie immer für sich. Es gab Menschen, die nur mit sich alleine im Einklang waren. Er hielt sich an seinem Weinglas fest und starrte in die Nacht, denn der Ausblick aus dem Fenster war ungehindert. Der Mond leuchtete auf die Nordsee, die wie ein geheimnisvoller dunkler Spiegel dalag. Und irgendwo da draußen, da war Frank Osterkamp unterwegs. Da war sich Jan ganz sicher. Er kannte diesen Tätertyp. Er hielt es gar nicht aus, wenn er nicht in der Nähe seiner Opfer war, um ihr Leid mit Haut und Haaren aufzunehmen.

Deshalb hatte er auch immer wieder Fotos von seinen Kolleginnen gemacht. Es musste über Jahre so gegangen sein. Es waren Tausende, die an den Wänden hingen. Und wer wusste, wie viel noch irgendwo in Schubladen lagerten. Sicher waren Eva, Katrin und Lisa nicht die einzigen Polizistinnen, die er beobachtet hatte. Warum machte er das? Er war ein Einzelgänger, hatte man ihm in Osnabrück erzählt. Aber das war er selber ja auch und trotzdem stalkte er keine Kolleginnen. Da musste etwas verdammt schief gelaufen sein bei Frank Osterkamp. Er hatte leider keine Zeit gehabt, sich zwischenzeitlich näher über ihn zu informieren. Es juckte ihn in den Fingern, einfach aufzustehen und sich an den nächsten PC zu setzen. Doch irgendwie war er mit den anderen in den letzten Stunden derart zusammengeschweißt worden, dass es ihm wie Verrat erschienen wäre, jetzt zu gehen.

Jürgen war dann der Erste, der die Segel strich. Um kurz nach zwei torkelte er auf sein Zimmer. Sie würden den Täter auch ohne ihn zur Strecke bringen. Und Eva war bei Guntram in den besten Händen. Er hoffte, dass der ganze Spuk bald ein Ende haben würde, damit er endlich wieder mit ihr auf Langeoog sein friedliches Leben führen konnte.

Lisa und Katrin gingen kurz darauf. Sie seien einfach zu müde, um aufzubleiben, erklärten sie. Aber sie wollten natürlich sofort informiert werden, wenn sich etwas tat.

Eva blieb mit Jan und Guntram unten im Restaurant. Sie war nicht müde. Nicht, nach allem, was sie an diesem Tag durchgemacht hatte.

»Die arme Katrin«, sagte sie, als sie mit ihren Kollegen alleine war.

»Ja«, bestätigte Guntram. »Dafür wird das Schwein bezahlen.«

Eva wunderte sich, dass er noch so nüchtern wirkte, nach dem, was er schon getrunken hatte. Offensichtlich war er es gewohnt.

»Rache ist die eine Sache«, fuhr Eva fort. »Aber was macht sie dann? Sie muss mit der Gewissheit leben, dass Sarah das Kind eines Verbrechens ist. Und es ist die Frage, ob es leichter wird, wenn sie den Namen des Mannes kennt.«

»Keine Ahnung. Auf jeden Fall wird er zur Rechenschaft gezogen. Er wird dafür bezahlen. Schon alleine, damit er das niemandem mehr antun kann.« Guntram wirkte entschlossen, dem Mann den Hals umzudrehen.

»Ist es nicht komisch, wie das Schicksal uns alle zusammengeführt hat?«, meldete sich Jan unvermittelt zu Wort.

»Du meinst, es war vorherbestimmt?«, fragte Eva.

»Ich weiß nicht. Aber gibt es überhaupt etwas, das zufällig passiert?« Er setzte sein Rotweinglas an die Lippen.

»Darüber könnte man sicher den ganzen Abend diskutieren und käme zu keinem Ergebnis«, meinte Eva. Sie hatte bisher nur Wasser getrunken und fühlte sich ihren beiden Kollegen plötzlich überlegen. Der eine ertränkte den Kummer über sein eigenes Versagen im Whisky und der andere philosophierte darüber, ob sie alle es hier verdient hätten, zu sitzen. Doch das war gemein. So einer war Jan nicht.

»Und wie geht es dir eigentlich damit, dass du jetzt weißt, wer dir die Nachrichten geschrieben hat?«, fragte Jan.

»Ach ...« Eva machte eine abwehrende Handbewegung. »Aus der Distanz betrachtet ist es doch wirklich eine Lappalie. Ich habe rückblickend überreagiert. Total lächerlich. Was hätte ich wohl gemacht, wenn mir so etwas wie Katrin passiert wäre? Sie ist wirklich eine starke Frau.«

»Katrin ...« Jan sah wieder aus dem Fenster. Der Mond ließ die Welt in einem fahlen Licht erscheinen, in dem man nichts oder auch alles sehen konnte.

»Du magst sie, oder?«

Jan nickte.

»Ich glaube, sie mag dich auch.«


Sie hörten, wie Guntram schnarchte. Er hatte seinen Kopf auf den Arm gelegt und sein Mund stand offen. Vielleicht war es besser, dass er die letzten Gesprächsfetzen nicht mitbekommen hatte.

»Wir sollten jetzt auch schlafen gehen«, sagte Eva. »Bestimmt werden wir erst morgen etwas hören. Und dann sollten wir fit sein.«

»Du hast recht«, stimmte Jan zu. »Weckst du den alten Grizzly?« Er lächelte sie jetzt an.

Eva ruckelte an Guntrams Arm. »Aufwachen ...«

Guntram schnappte nach Luft. »Haben wir ihn?«, stieß er aus.

»Nein, aber wir gehen jetzt auch ins Bett. Morgen ist auch noch ein Tag.«

**Der Tag der Erlösung**

Guntram hatte einen schweren Kopf, als er am Morgen erwachte. Er lag verdreht und angezogen auf seinem Bett. Katrin, dachte er. Ob man heute den Täter in die Finger bekam? Er quälte sich aus dem Bett, um sich zu duschen. Er sah auf sein Handy, das auf dem Nachttisch lag. Es hatte sich niemand gemeldet.

Gegen sieben Uhr ging er nach unten in den Frühstücksraum. Eva und Katrin waren bereits da.

»Du siehst irgendwie verkatert aus«, sagte Katrin und lächelte ihn an.

»Ja, irgendeiner von den Whiskys war wohl schlecht«, brummte er.

»Gibt es denn immer noch keine Nachricht?«, fragte Eva.

Guntram schüttelte den Kopf. »Es hat sich niemand bei mir gemeldet. Vielleicht sollte ich da mal anrufen.«

»Ja mach das, wir könnten bei der Suche vielleicht helfen. Man wird ja verrückt bei der ganzen Warterei.«

»Okay, aber erst nach dem Frühstück. Ich brauche wenigstens einen starken Kaffee.«

Jan und Lisa kamen zusammen in den Raum und begrüßten die anderen. Eva stellte fest, dass Jan wie aus dem Bilderbuch wirkte. Frisch geduscht und verdammt gut nach einem Rasierwasser duftend. Dieser Mann war einfach ein Phänomen.

Nur Jürgen tauchte nicht auf. Eva ahnte, woran das lag. Hoffentlich wäre die Sache hier bald ausgestanden, dann konnte sie endlich wieder mit ihm auf ihre Insel verschwinden.

Um kurz nach acht kam dann endlich der erlösende Anruf. Man hatte die *Sybille* samt ihres Besitzers vor der Ostküste Borkums eingekesselt und Frank Osterkamp festgenommen.

»Sie bringen ihn in hier in die Dienststelle, bis er dann rübergeflogen wird«, sagte Guntram triumphierend, als er aufgelegt und kurz wiedergab, was Johann Schwieter berichtet hatte.

»Dann ist es jetzt endlich vorbei«, sagte Eva erleichtert. Ihr Blick wanderte dabei zu Katrin. Sicher sah diese es etwas anders.

»Also, ich gehe jetzt rüber zu Schwieter«, sagte Guntram und schob seinen Stuhl nach hinten. »Will jemand mit?«

Jan erhob sich als Nächstes. »Auf jeden Fall«, sagte er.

Lisa hielt sich bedeckt und sah verstohlen zu Katrin. Sie signalisiert damit, dass sie auf ihre Entscheidung wartet, dachte Eva.

»Wenn Katrin hierbleibt, dann bleibe ich auch hier mit euch«, sagte sie laut.

Alle sahen jetzt auf Katrin, die ihre Hände im Schoß gefaltet hatte und stur darauf blickte. Es wurde totenstill am Tisch.

Katrin blickte auf. »Ich werde mitgehen«, sagte sie mit fester Stimme. »Ich bin schon viel zu lange weggelaufen.«

Gemeinsam gingen sie zur Dienststelle von Johann Schwieter.

»Gute Arbeit«, lobte Guntram. Er wusste, wie man den zuständigen Ermittlern Honig um den Bart schmierte, um alles in Erfahrung zu bringen.

»Oh danke«, sagte Schwieter. »Doch ich gebe das Lob gerne zurück. Wenn ihr nicht gewesen wärt, wer weiß, ob wir den Kerl dann schon gefasst hätten.«

Ganz sicher nicht, dachte Guntram und feixte in sich hinein.

»Hast du ihn schon verhört?«, fragte er.

Schwieter schüttelte den Kopf. »Ne, ich dachte, du willst vielleicht dabei sein.«

»Oh, das finde ich nett. Jan, du bist doch sicher auch mit von der Partie.«

Die Männer scheinen es mal wieder unter sich auszumachen, dachte Eva. Es war doch immer das Gleiche. Eine Frau musste mindestens hundertfünfzig Prozent in ihrem Job bringen und anerkannt wurden höchstens siebzig. Aber ihr war das in diesem Fall egal. Sie alle hatten gut zusammengearbeitet, das war ihr das Wichtigste. Sicher auch wieder typisch weiblich, dachte sie bei sich.

»Kann ich zuerst alleine mit ihm sprechen«, meldete sich plötzlich Katrin zu Wort und alle drehten sich erstaunt zu ihr um.

»Willst du das wirklich?«, fragte Guntram.

Sie nickte. »Es wäre mir sehr wichtig ...«

Er wusste nicht, wie er ihr das hätte ausreden können. Und ob sie das Richtige tat, das musste sie in diesem Fall wohl ganz alleine entscheiden.

»Ist das in Ordnung«, fragte er Schwieter, der nicht wusste, worum es hier eigentlich ging. Er hob und senkte die Schultern und sagte: »Von mir aus.«

Katrins Beine waren wie Blei, als sie in Richtung des Verhörraumes ging, in den man Frank Osterkamp gebracht hatte. Sie spürte keinerlei Emotionen. Sie war innerlich wie tot. Ein Beamter, der vor der Tür Wache hielt, machte ihr auf.

»Ich möchte alleine rein«, sagte Katrin mit fester Stimme. Der Beamte nickte und schloss wieder hinter ihr.

Dann stand Katrin ihrem Peiniger das erste Mal gegenüber.

Er saß am Tisch, als ginge ihn das Ganze hier gar nichts an. Er hatte die Hände gefaltet und sah sie neugierig an, als sie eintrat.

Was sollte sie sagen? Hallo, wir kennen uns ja. Ihr Mund war trocken. Es fiel ihr verdammt schwer, doch sie zog den Stuhl gegenüber vom Tisch ab und setzte sich Frank Osterkamp gegenüber. Die Augen, dachte sie. Sarah hat seine Augen. Sie schluckte. Würde sie das wirklich durchstehen? Und was sollte sie sagen? Was wollte sie überhaupt wissen? Eigentlich wollte sie doch nur vergessen können. Abschließen.

»Das ist ja eine Überraschung«, sagte Frank Osterkamp plötzlich.

Sie sah ihn weiter stumm an. Diese Augen.

»Willst du mich nichts fragen?«, fuhr er fort, als Katrin nichts erwiderte. »Ich finde, Sarah ist ein schönes Kind.«

Wie konnte er nur? Wie krank musste ein Mensch sein, wenn er so mit anderen umging? Lisa hatte ihr ja erzählt, dass er auch Fotos von ihr und Sarah hatte. Also ging sein Versuch, sie zu schockieren, ins Leere. Ihre Hände fühlten sich taub an.

»Warum haben Sie das getan?«, presste sie zwischen den Zähnen hervor.

»Oh, siezen wir uns jetzt wieder. Aber Katrin, nach allem, was wir zusammen erlebt haben, da sollten wir doch beim Du bleiben. Denk dran, wir haben eine kleine Tochter.«

Katrin hätte diesem Widerling am liebsten eine Kugel durch den Kopf gejagt. Und das Schlimmste an der ganzen Sache war, dass er gar nicht so aussah, wie ein kranker Vergewaltiger. Nein, er sah sogar ganz gut aus. Er hätte bestimmt Frauen kriegen können. Er hatte einen sicheren Job, eine schöne Wohnung. Hätte er sich doch nur einfach eine Frau genommen und eine Familie gegründet, ging es ihr durch den Kopf. Warum hatte er das nicht getan?

»Wir können uns auch duzen«, sagte sie. »Es ist mir egal, ob ich Sie oder du Arschloch zu dir sage.«

»Na, wir wollen doch jetzt nicht unzivilisiert werden«, sagte er und lachte dabei.

»Ich will nur wissen, warum Sie das getan haben? Warum ich?« Ihr Blick hielt seinem jetzt stand. Das verunsicherte ihn.

»Es war Zufall«, sagte er emotionslos. »Es hätte jede treffen können.«

Das versetzte ihr einen Schlag in die Magengegend. Sie war das Opfer eines Zufallsgenerators geworden. Einfach rausgefischt aus der Menge. Und damit wurde ihr gesamtes Leben zerstört. War ihm das eigentlich klar? Vielleicht sogar egal?

»Ich war in München«, sagte sie. »So ein großer Zufall kann es also nicht gewesen sein. Sie müssen mich verfolgt haben.«

Er lachte auf. »Katrin, du beleidigst mich. Natürlich war alles von langer Hand geplant. Ich wusste doch alles über dich.«

Sie zuckte zurück. Alles. Wirklich alles? Hatte er vielleicht sogar Kameras in ihrer Wohnung installiert? In ihrem Bad und im Schlafzimmer?

»Was soll das heißen, Sie wussten alles über mich? Haben Sie mich abgehört?«

Er nickte. »Natürlich habe ich das. Ich kenne jedes Telefongespräch auswendig. Ich höre deine Stimme so gerne. Und ich habe jede Mail gelesen.«

Die Frage mit den Kameras in ihrer Wohnung stand noch im Raum. Aber wollte sie das wirklich wissen?

»Und was hat Ihnen das gebracht? Ich würde es gerne verstehen, wissen Sie.«

»Was gibt es da zu verstehen?«, fragte er ungehalten.

»Ich hatte einfach die Gelegenheit.«

»Gelegenheit?«

»Aber ja Katrin. Als Techniker bei der Polizei kommst du überall heran. Wusstest du das denn nicht?«

Natürlich wusste sie das. Aber eigentlich arbeiteten Techniker daran, die Verdächtigen zu überwachen. Doch die Möglichkeit, die eigenen Leute zu observieren oder zu stalken, daran hatte sie noch nie einen Gedanken verschwendet. Einfach, weil es nicht in ihr Weltbild gepasst hätte.

»Und wie bist du gerade auf mich gekommen? Ich meine, es gibt jede Menge Polizistinnen. Warum gerade ich?«

Ihr Interesse schmeichelte ihm offensichtlich. Vielleicht fragte sonst nie jemand nach dem, was er so dachte.

»Ich war von dir fasziniert, seitdem ich deine Stimme das erste Mal gehört habe«, sagte er schwärmerisch. »Es ging um ein Verhörprotokoll, das bei uns verarbeitet wurde. Nur Routine eigentlich. Doch als ich deine Stimme im Ohr hatte, das ist mir fast einer abgegangen.« Er grinste. Sie hielt seinem Blick wieder stand.

»Also musste ich wissen, wer diese Frau mit der betörenden Stimme war und ich habe einen Ausflug nach

Leer gemacht. So einfach war das eigentlich. Und als ich dich gesehen habe, da ... ich konnte von dem Tag an an keine andere Frau mehr denken. Weißt du eigentlich, was ich durchgemacht habe?« Offensichtlich erwartete er jetzt auch noch Mitleid von ihr. Seine Stimme klang so, als sagte er die Wahrheit. Er hatte sich vom ersten Augenblick an in sie verliebt.

»Sie hätten mich einfach ansprechen können«, sagte sie pragmatisch.

»Aber nein Katrin ... so einer bin ich nicht. Frauen, die es einem zu leicht machen, sind doch langweilig.«

Also doch ein krankes Hirn.

»Wie lange haben Sie mir nachspioniert, bevor ...?« Sie konnte es nicht aussprechen.

»Katrin, ich war erschüttert, als du plötzlich nach München abgehauen bist. Du konntest mich doch nicht einfach im Stich lassen. Also wirklich, böses Mädchen.« Er hob den Zeigefinger und fuchtelte damit in der Luft herum. »Ich habe eine ganze Woche gewartet. Dann sogar einen Monat. Aber länger habe ich es einfach nicht ausgehalten. Ich konnte nichts mehr essen und auch nicht mehr schlafen. Ich musste dich einfach wiedersehen.«

»Sie haben also ausgekundschaftet, wo ich in München wohne und dann ...?«

Er nickte zufrieden. »Ja, und dann? Ich habe mir einfach ein paar Tage frei genommen. Ich wusste ja, wo du bist. Dein Telefon habe ich immer noch abgehört. Und dann war es eigentlich ganz leicht, als du da mit deiner Freundin an dem Abend unterwegs warst ...«

Halt Stop, schrie es in Katrin. Das will ich jetzt nicht hören. ICH WILL NICHT. Doch sie sagte nichts.

»Als du da so alleine am Tresen saßest, da hatte ich fast Mitleid mit dir. Und du hast so gut gerochen an dem Abend. Ich war so froh, dich endlich wiederzusehen. Als du kurz auf der Toilette warst, da habe ich ...«

In Katrin schrie es nur noch. Doch sie hielt durch und ballte die Hände zu Fäusten.

»Nun, ich hatte da ein so kleines Fläschchen mitgenommen für alle Fälle. Und als du so langsam an der Bar ins Schwanken geraten bist, da habe ich dich aufgefangen.«

Katrin wäre am liebsten auf der Stelle gestorben. Alles kam wieder in ihr hoch. Es war, als hätte sie nur auf diesen Moment gewartet, um dann einfach zu sterben.

»Es ist niemandem aufgefallen, dass du praktisch bewusstlos in meinen Armen hingst, als wir gegangen sind. Du fühltest dich so weich und leicht an ...«

Sie würgte. Wollte sie das jetzt wirklich in allen Einzelheiten hören? Sie musste, sie konnte sich gar nicht wehren. Sie musste dieses böse Tier in ihr einfach wieder loswerden.

»Mein Hotel war nicht weit entfernt. Ich nahm uns ein Taxi. Der Fahrer machte sogar noch einen Scherz über Frauen, die nichts vertrugen. Ich wusste es natürlich besser. Und dann ... ja dann erlebten wir beide unsere schönste Nacht, liebe Katrin.«

Sie sah ihn nur noch teilnahmslos an. Das war es also, das große Geheimnis um ihre kleine Sarah. Würde sie ihrer Tochter jemals erzählen können, welches Monster ihr Vater war? Und welche Schuld trug sie selber an dem, was geschehen war. Nein, soweit durfte sie es einfach nicht kommen lassen, dass sie sich selbst in Verantwortung begab. Sie hatte keine Schuld. Aber sie würde damit leben müssen. Leben und nicht sterben. Und für Sarah eine gute Mutter sein.

Sie nahm noch einmal alle Kraft zusammen und sah ihm fest ins Gesicht.

»Ich wünsche Ihnen, dass Sie in der Hölle schmoren. Denn das ist noch tausendmal schöner als das, was Ihnen passiert, wenn ich Sie jemals alleine in die Finger kriege.«

Sie stand auf und ging zur Tür, klopfte, damit man sie herausließ aus dieser Folterkammer. Noch lange hörte sie sein Lachen, das sie bis zum Ausgang aus der Dienststelle verfolgte.

Eva und Lisa rannten sofort hinter Katrin her, als der Beamte sie darüber informierte, dass der Täter jetzt wieder alleine im Verhörraum war.

»Scheiße«, sagte Guntram, der nur ansatzweise ahnte, was jetzt in seiner Kollegin vorging. »Los, bringen wir es hinter uns.« Er nickte Jan und Johann Schwieter zu.

Frank Osterkamp war gar nicht mehr nach Lachen zumute, als die drei Männer in den Verhörraum traten. Er sah die dicke pulsierende Ader an Guntrams Hals und den hasserfüllten Blick, der ihm entgegenschlug. Er spürte, dass dieser Mann ihm auf der Stelle eine Kugel durch den Kopf jagen würde, wenn sich eine Gelegenheit ergab.

»Wir verhören Sie hier und heute in Sachen Sebastian ...«, begann Johann Schwieter und stellte seine Kollegen vom Festland vor, die rein zufällig auch auf der Insel wären und an dem Verhör teilnehmen würden. Als er Leer und Aurich sagte, spitzte Frank Osterkamp die Ohren. Es war ihm natürlich klar, dass dieser massige Mann nur der Kollege von Katrin sein konnte. Er hatte ja oft genug ihre

Telefonate abgehört. Was hatte sie bloß an diesem ungehobelten Klotz gefunden?

»Ist es okay, wenn ich auch ein paar Fragen stelle?«, fragte Guntram und seinen Wangen glühten.

Johann Schwieter nickte.

»Also, Frank Osterkamp, geben Sie zu, dass Sie Sebastian Reiter ermordet haben, umso schneller sind wir hier fertig.«

Johann Schwieter zuckte zusammen. Offensichtlich waren ihm diese brachialen Verhörmethoden aus Leer nicht geläufig.

Und plötzlich hatte es selbst Frank Osterkamp eilig, hier wieder rauszukommen. Und zwar lebend.

»Ja, ich habe Sebastian ermordet«, sagte er ohne Umschweife.«

Guntram und Jan Krömer sahen sich verblüfft an. Damit hatten sie nun auch nicht gerechnet. Johann Schwieter wurde immer kleiner auf seinem Stuhl. Er konnte sich hier offensichtlich noch eine dicke Scheibe abschneiden.

»Können wir dann bitte auch das Motiv erfahren?«, fuhr Guntram fort.

Frank Osterkamp zog die Brauen hoch. »Sie wissen doch sowieso schon alles. Ihre schöne Kollegin war doch eben schon hier bei mir. Hat sie Ihnen denn nicht alles erzählt?«

»Lassen Sie Katrin Birgner aus dem Spiel.« Guntrams Ader schwoll erneut an.

»Aber das kann ich nicht, und das wissen Sie auch. Es dreht sich doch alles nur um Katrin. Bei Ihnen doch auch, habe ich recht?«

Guntram sprang vom Stuhl auf. »Ich bring dich um, du Schwein.« Drohend hielt er eine Faust in Osterkamps Richtung.

Jan hielt ihn zurück. »Komm Jochen, das ist der Kerl nicht wert, dass du dir die Finger an dem schmutzig machst.«

»Oh, ich wühle gerne im Dreck.« Guntram hatte Schaum vorm Mund.

»Ich finde, Ihr Kollege hat recht«, mischte sich jetzt Johann Schwieter ein. »Wir sollten das jetzt wie zivilisierte Menschen hinter uns bringen.«

Guntram schnaubte und setzte sich wieder.

»Dann mach du mal weiter«, sagte er, »ich weiß nicht, wie das geht.«

Johann Schwieter witterte wieder Morgenluft.

»Ja ... also. Frank Osterkamp, bitte schildern Sie uns jetzt, was in der Nacht von Sebastian Reiters Tod geschehen ist.«

Selbst Frank Osterkamp schien jetzt keinen Spaß mehr an der Sache zu haben. Er richtete sich auf und begann zu erzählen, wie er und Sebastian Reiter sich für dieses Wochenende vorbereitet hätten. Sie wollten einen schönen Ausflug an der Nordsee unternehmen. Natürlich wusste Sebastian Reiter nicht, was wirklich dahinter steckte. Nämlich, dass Frank Osterkamp die Gelegenheit nutzen wollte, die drei Frauen, die er seit langer Zeit tyrannisierte, einmal gemeinsam ins Visier nehmen zu können. Das war ja wie ein Lottogewinn, hatte er gedacht, als er die Mails zwischen Eva, Katrin und Lisa gelesen hatte. Alle auf einen Streich. Er hatte sich gar nicht mehr einkriegen können vor Freude. Und dann hatte er einen Plan geschmiedet. Er würde mit seinem Boot nach Borkum fahren und die Drei beobachten. Aus der Ferne natürlich. Wie er das immer tat. Na ja, meistens jedenfalls, hatte er süffisant hinzugefügt und Guntram musste sich schwer am Stuhl festhalten.

»Und wie der Teufel es will«, sagte Frank Osterkamp, »irgendwie rückte mir Sebastian immer mehr auf die Pelle, seitdem ich ihm dabei geholfen hatte, seinen teuren Rechner zu reparieren. Er war schwer beeindruckt. Ich hatte ihm einiges voraus. Und er war alleine, genauso wie ich. Offensichtlich finden sich Einzelgänger immer, nicht wahr Jan?« Er sah jetzt lauernd zu Jan Krömer, der ihn die ganze Zeit still beobachtet hatte.

Als Jan nicht reagierte, fuhr Frank Osterkamp fort.

»Als ich dann den Trip nach Borkum plante, wusste ich nicht mehr, wie ich Sebastian abwimmeln sollte. Er hatte mitbekommen, dass ich mir frei genommen hatte, und bohrte so lange nach, bis ich ihm von meinem Boot erzählte. Natürlich war er sofort Feuer und Flamme. Er bettelte praktisch darum, dass er mitfahren durfte. Also tat ich ihm schließlich den Gefallen.«

»Und das ist ihm dann zum Verhängnis geworden«, sagte Jan.

»Genau. Es war doch seine eigene Schuld. Dieser blöde Trottel. Hätte er mich einfach in Ruhe gelassen, dann würde er jetzt noch leben«, entrüstete sich Frank Osterkamp.

»Er hat entdeckt, warum sie nach Borkum wollten, richtig?« Jan hatte das Verhör an sich gerissen. Es ging jetzt ins Eingemachte. Die düstere Seite hinter dem Ganzen, sein Spezialgebiet.

Frank Osterkamp nickte. Dieser Jan Krömer schien ihm der Intelligenteste von allen zu sein. Er war ihm gewachsen. »Ja, leider«, sagte er, als bedaure er es wirklich. »Er hat seine Nase in Angelegenheiten gesteckt, die ihn nichts angingen.«

»Er hat Bilder gefunden, Fotos ...«

Frank Osterkamp nickte. »Genau. Und auf dem einen Foto waren Sie mit Lisa zu sehen. Das ließ sich leider nicht vermeiden. Und da er sie von einem gemeinsamen Seminar kannte, hat er mich natürlich gefragt, was das zu bedeuten hätte.«

»Auf die Erklärung wäre ich auch gespannt gewesen«, sagte Jan mehr zu sich selbst. Das Motiv von Frank Osterkamp, warum er Kolleginnen stalkte, erschloss sich ihm immer noch nicht ganz.

»Ich habe es ja mit Ausflüchten versucht«, sagte Frank Osterkamp mit Bedauern in der Stimme. »Aber er hat einfach nicht aufgehört, nachzubohren.«

»Und da haben Sie ihn umgebracht. Eiskalt getötet und am Strand abgelegt.«

»Was sollte ich denn machen?«, jammerte Frank Osterkamp. »Er hätte mich doch verraten. Irgendwann hätte er mich verraten.«

Tja, wie tragisch, dachte Guntram. Und jetzt fährst du für den Rest deines Lebens in den Bau, du Drecksack. Es sei denn, ich kriege dich zwischen die Finger und zerquetsche dich wie eine Fliege.

»Ich muss gleich kotzen«, sagte er und stand auf. »Ich muss an die frische Luft.« Johann Schwieter ging mit. Er hatte genug gehört. Und das Geständnis war im Kasten. Mehr brauchte er nicht für seinen Ruhm.

Nur Jan Krömer blieb im Verhörraum und war noch nicht fertig mit Frank Osterkamp.

»Was wollen Sie denn noch wissen?«, fragte Osterkamp.

»Ich habe da so eine komische Angewohnheit«, sagte Jan Krömer trocken. »Ich will immer hinter die Fassade gucken.«

»Was soll der Scheiß denn?« Offensichtlich lagen die Nerven von Frank Osterkamp jetzt blank.

»Das ist doch ganz einfach. Es gibt für alles einen Grund. Jedes Verbrechen, und sei es auch noch so abscheulich, hat einen Beweggrund. Und den will ich jetzt wissen.«

»Aber das habe ich doch gerade schon gesagt«, blaffte Osterkamp. »Sebastian ist mir auf die Schliche gekommen ...«

»Das meine ich nicht«, sagte Jan Krömer im Flüsterton. »Und das wissen Sie ganz genau.«

»Sie meinen Katrin?« Jetzt wirkte Frank Osterkamp sogar ängstlich. Und dabei war Guntram doch gar nicht mehr im Raum.

»Ja. Ich will wissen, warum Sie Katrin Birgner brutal vergewaltigt haben.«

»Brutal?«

»Es ist immer brutal, wenn man etwas gegen den Willen eines Menschen tut. Und noch brutaler wird es, wenn man sein Opfer willenlos macht.« Jan Krömer spie die Worte geradezu aus. »Das ist nur noch dreckig und brutal.«

»Aber das sollte es niemals sein, ich habe Katrin doch geliebt«, jammerte Osterkamp.

»Geliebt?« Jan Krömer lachte auf. »Sie können doch gar nicht lieben. Sie haben nie gelernt, was Liebe ist. Sicher hat ihr Vater sie immer verprügelt und ihre Mutter obendrein. Und das alles haben sie als kleiner wehrloser Junge mit ansehen müssen. Tag für Tag und Woche für Woche.«

Frank Osterkamp schüttelte vehement den Kopf. »Das stimmt nicht, was Sie sagen. Das ist einfach nicht wahr.«

»Na, was ist dann die Wahrheit? Solange Sie damit nicht herausrücken, werde ich immer denken, dass sie ein armer kleiner geprügelter Junge waren, der sich auch im Erwachsenenalter nicht aus der Rolle befreien konnte und sich deshalb an wehrlosen Frauen vergriffen hat, damit er sich endlich als wehrhafter Mann fühlen konnte. Stark sein, das wollten Sie doch immer schon.«

»Sie liegen ja sowas von falsch«, sagte Frank Osterkamp. »Sie haben ja keine Ahnung, wie falsch Sie liegen. Mein Vater hat mich niemals verprügelt. Nein, er war sogar ein verdammt guter Vater, er hat mich geliebt.«

Jan Krömer lehnte sich auf den Tisch und ging ganz nah an Frank Osterkamps Gesicht heran, in dem jetzt schiere Verzweiflung geschrieben stand.

»Dann war es also ihre Mutter«, sagte er zischend. »Es war ihre Mutter, die sie verprügelt hat. Es ist doch auch egal, wer einen erniedrigt, habe ich recht? Man will einfach nur noch weg. Nicht mehr gequält werden.«

Die beiden blauen Augenpaare fixierten sich gegenseitig.

»Sagen Sie schon Frank Osterkamp, was hat Ihre Mutter mit Ihnen gemacht? Aber nein, warten Sie. Ich rate einfach zu gerne. Sie hat Sie nicht verprügelt, richtig? Sie hat viel schlimmere Dinge mit Ihnen gemacht, die Sie einfach nicht aus Ihrem Kopf kriegen können.«

Frank Osterkamp nickte wortlos.

»Sie hat sie missbraucht, vermute ich«, sagte Jan Krömer jetzt und lehnte sich entspannt zurück. »Wann hat sie das erste Mal in Ihre Hose gefasst? Als sie sieben oder acht waren, vermute ich. Es kommt ja nicht so oft vor, dass Mütter sich an ihren Söhnen vergreifen. Aber Sie hatten offensichtlich Glück und gehörten zu den wenigen.«

»Glück?!«, stieß Frank Osterkamp aus. »Sie nennen das Glück? Wie krank sind Sie denn?«

»Ich bin hier nicht der Kranke«, erwiderte Jan Krömer. »Das Kranke war in Ihrer Mutter und es hat sich auf Sie übertragen. Wie lange ging es denn mit Ihnen und Ihrer Mutter? Und hat Ihr Vater jemals davon erfahren?«

»Hören Sie auf«, jammerte Frank Osterkamp.

»Ja, es ist schrecklich, wenn man an dem eigenen Schicksal zerbricht«, fuhr Jan Krömer unbeirrt fort. »Und wie sollte jemand wie Sie, einer, der sich nicht einmal gegen seine eigene Mutter wehren konnte, wie sollte so einer eine normale Beziehung zu einer Frau aufbauen? Völlig illusorisch. Und dabei hätten Sie es sich doch so gewünscht, als sie in die Pubertät kamen und den ersten Steifen kriegten, ohne dass Ihre Mutter etwas davon mitbekam, habe ich recht? Hat sie Sie auch da noch belästigt?«

»Hören Sie endlich auf ...« Frank Osterkamp weinte jetzt sogar. Er wirkte wie das kleine gequälte Kind, das er früher einmal gewesen war.

Doch Jan Krömer hatte nicht vor, hier Milde walten zu lassen. Er musste das hier jetzt zu Ende bringen, alleine

163

um Katrins willen, die so lange wegen des Häufchens Elend da vor ihm gelitten hatte. Und doch war auch er ein Opfer. Es war paradox. Wenn man sich nur in jede Seite hineinversetzte, dann konnte man mit jedem Mitleid entwickeln. Denn Opfer waren sie am Ende alle.

»Ich höre sofort auf«, sagte Jan Krömer, »wenn Sie mir sagen, wann es endlich aufgehört hat, das mit Ihrer Mutter.«

Frank Osterkamp sah auf seine Hände. Sie zitterten. »Es hat aufgehört, als ich sie umgebracht habe«, sagte er mit tonloser Stimme.

Jan Krömer hatte so etwas in der Art vermutet. Und danach war alles, was dann für Frank Osterkamp folgte, eine logische Abfolge gewesen. Er hatte seinen ersten Mord hinter sich, nachdem er ein Leben lang gequält worden war. Was hatte ihn noch erschüttern können?

»Wie haben Sie ihre Mutter getötet?«, fragte er.

»Ich habe sie mit einem Kissen erstickt«, sagte Frank Osterkamp und lachte auf. »Es war so einfach, wissen Sie. Wenn ich das vorher gewusst hätte, dann hätte ich das schon viel eher getan.«

»Und das hat niemand entdeckt?«

»Nein, sie war herzkrank, dieses blöde Stück Dreck. Und als mein Vater auf Dienstreise war, da habe ich es getan. Niemand hat sich gewundert, als sie leblos auf dem

Sofa lag. Ich war ja auch noch ein Teenager. Wer hätte denn gedacht, dass so ein lieber Kerl wie ich so etwas tun würde.« Er grinste jetzt.

»Das war sicher befreiend für Sie«, sagte Jan Krömer matt. Das ganze Elend hatte sich wieder einmal vor ihm ausgebreitet. Er fühlte sich ausgelaugt.

»Ja, das war es. Endlich war ich frei.«

Na, so ganz frei wohl nicht, dachte Jan. Doch er hatte jetzt keine Lust mehr. Er stand auf und verließ den Verhörraum. Er würde das, was Frank Osterkamp ihm da erzählt hatte, für sich behalten. Wen interessierte es jetzt schon noch, ob er neben Sebastian Reiter auch noch seine Mutter umgebracht hatte, und warum.

∗∗∗

Eva und Lisa hatten Katrin auf ihr Zimmer begleitet.

»Wie fühlst du dich?«, fragte Eva und strich ihr behutsam über den Arm.

»Ach, ich weiß auch nicht ...« Katrin wirkte erschöpft.

»Meinst du, dass es richtig war, dass du mit ihm gesprochen hast?«

»Auf jeden Fall. Diese Ungewissheit war noch viel schlimmer, wenn das überhaupt möglich ist. Aber ich konnte doch niemandem mehr trauen.«

»Ja, wenn man kein Vertrauen mehr haben kann, das macht einen fix und fertig«, meinte Lisa. Natürlich war ihr Martyrium der ständigen Anrufe nicht mit dem Schicksal von Katrin vergleichbar. Doch erleichtert war sie auch.

Sie legten sich auf Katrins Bett und es kehrte Ruhe ein.

## Hausdurchsuchung in Osnabrück

Die Polizisten in Osnabrück standen fassungslos vor der Erkenntnis, dass ihr langjähriger Kollege so ein mieses Schwein gewesen war. Warum hatte keiner was gemerkt? Doch am Ende waren wie immer alle schlauer.

Und letztendlich war Frank Osterkamp ein typischer Einzelgänger gewesen. Knapp über vierzig, noch nie verheiratet gewesen und im Prinzip immer in der zweiten Reihe. Doch seinen Job hatte er gut gemacht in der Kriminaltechnik. Vielleicht zu gut. Er kannte sich aus. Wusste, wie man Spuren verwischte.

Und jetzt wühlten sie in seinen Sachen in seiner Wohnung herum. Die Luft anhaltend gingen sie von Raum zu Raum. Bis sie dann in das Zimmer kamen, wo die Wände mit tausenden von Bildern gespickt waren. Und jetzt wussten sie ja auch, dass es Kolleginnen waren. Vermutlich im ganzen niedersächsischen Raum beschäftigt. So genau wusste man das noch nicht. Nur die Kolleginnen in Ostfriesland, die jetzt auch auf der Insel Borkum an der Aufklärung des Falles beteiligt waren, konnten schon identifiziert werden.

Und dann sollte Osterkamp doch tatsächlich Katrin Birgner aus Leer mit K.-O.-Tropfen betäubt und vergewaltigt, ja sogar geschwängert haben. Jan Krömer hatte mit einem Kollegen gesprochen und das in einem Nebensatz erwähnt. Und das genau war der ausschlaggebende Punkt, warum hier alle mit angehaltenem Atem arbeiteten. Hatte Frank Osterkamp am Ende sogar Kolleginnen umgebracht?

Auch das würden sie herausfinden, wenn sie jedes Blatt Papier wendeten und alle Bilder sortierten.

Ein Kollege unter ihnen war zu solch grausamen Taten fähig gewesen. Und sie hatten es nicht bemerkt. Aber man konnte Menschen immer nur vor den Kopf und nicht hineingucken. Auf jeden Fall würde ihr Alltag eine Weile brauchen, bis er wieder der war, bevor sie diese Wohnung betreten hatten.

## Abschiedsessen

Es herrschte eine betretene Stimmung, als sie alle am Abend wieder im Restaurant saßen. Eva hatte Jürgen, bevor sie nach unten gingen, über alles informiert. Er war froh, dass sie morgen wieder abfuhren.

»Leute, ich wünschte, ich hätte euch unter anderen Umständen kennen gelernt«, sagte Guntram. »Aber es ist nun einmal so, wie es ist.«

»Ja stimmt, das war für uns alle ein wirklich aufreibendes Wochenende«, stimmte Eva zu. »Jeder von uns hat sich das anders vorgestellt.«

»Ich danke euch«, sagte Katrin plötzlich. »Wenn ihr nicht gewesen wärt, dann ...«

»Schon gut«, sagte Lisa und legte ihre Hand auf Katrins Arm. »Wir haben das gern gemacht. Ich glaube, dieses Wochenende wird uns alle zusammenschweißen.«

»Ganz bestimmt«, pflichtete Eva bei. »Und jetzt sollten wir wirklich versuchen, auf andere Gedanken zu kommen. Es ist unser letzter gemeinsamer Abend.« Sie hob ihr Glas, damit sie anstießen.

Und tatsächlich wurde es dann doch noch ein schöner Abend. Jürgen hatte endlich seine Eva wieder und

Guntram hatte alles getan, um Katrins Vergewaltiger zur Strecke zu bringen. Jeder war auf seine Art zufrieden.

Jan Krömer saß die meiste Zeit schweigend in der Runde. Ihn beschäftigte das Geständnis von Frank Osterkamp immer noch. Wie weit konnte eine Kinderseele getrieben werden, wenn ein Jugendlicher sogar seine Mutter tötete? Das menschliche Handeln beruhte immer auf dem Fehlverhalten Erwachsener. Ein ewiger Kreislauf. Und sie alle als Ermittler durften dann die Scherben einsammeln.

»Jan, du bist ein feiner Kerl«, sagte Guntram zu fortgeschrittener Stunde und dem vierten Glas Whisky.

»Danke, das Kompliment gebe ich gerne zurück. Hat Spaß gemacht, mit dir zu arbeiten, obwohl du wohl ganz anders vorgehst als ich.« Er lachte und zeigte auf Guntrams Oberarme.

»Man muss Jochen manchmal wirklich bremsen«, sagte Katrin lachend, »da hast du recht, Jan.« Die beiden saßen an diesem Abend wieder nebeneinander und hin und wieder tauschten sie Blicke, von denen sie glaubten, dass keiner sie wahrnahm. Doch Eva hatte natürlich alles unter Kontrolle, während sie mit Jürgen einen Kurzen nach dem anderen runterkippte.

»Ich sag dir Jürgen, da bahnt sich was an?«, flüsterte sie ihm ins Ohr.

»Was? Wo?« Jürgen sah sich in der Runde um. Sie stieß ihm derb in die Rippen. »Nicht so auffällig, Mensch. Ich erzähl dir alles, wenn wir wieder auf unserer Insel sind.«

Aber Eva war nicht die Einzige, die das zarte Band zwischen Katrin und Jan aufgespürt hatte. Auch Guntram war es nicht verborgen geblieben, dass es da ganz besondere Nuancen zwischen den beiden gab. Und er gönnte es Katrin sogar, dass sie endlich jemanden traf, mit dem sie ... nun ja, man musste es ja nicht gleich übertreiben. Aber er gönnte ihr ein bisschen Glück, nach allem, was sie durchgemacht hatte. Er hob sein Whiskyglas und hielt es gegen das Licht. »Wir beide sind die besten Freunde«, raunte er für sich. »Der Whisky und ich.«

Lisa hatte sich zu Guntram gesetzt und sie philosophierten jetzt über die Theorie, dass in jedem ein Täter stecken könnte, wenn nur die richtigen Ereignisse zur richtigen Zeit eintrafen.

»Ich glaub ja schon, dass ich jemanden umbringen könnte«, lallte Guntram. »Das will ich gar nicht von der Hand weisen.«

»Da bin ich mir auch ganz sicher, dass du das könntest«, sagte Lisa lachend. Es war so schön, wieder unbeschwert sein zu können. Und selbst, wenn sich zwischen Katrin, ihrer neuen Freundin, und Jan, ihrem Lieblingskollegen etwas anbahnen sollte, das würde sie nicht aus der Bahn werfen. Sie wusste, dass er immer zu ihr halten und ihr zur Seite stehen würde, wenn es drauf ankam. Und war das nicht überhaupt das Wichtigste, dass man sich auf jemanden verlassen konnte?

Ihr Blick wanderte wie durch einen Schleier herüber zu Jürgen und Eva. Auch da schien Einigkeit darüber zu herrschen, wer zu wem gehörte. Wenn ich jetzt noch ein Glas Weißwein trinke, dann heule ich wie ein Schlosshund, dachte Lisa, und setzte ihr Glas an die Lippen. Und wenn schon, fügte sie hinzu. Warum sollte man nicht auch einfach mal vor lauter Glück weinen?

## Abschied

Am nächsten Morgen frühstückten sie alle gemeinsam und waren guter Laune, als ob sie es tatsächlich geschafft hätten, die Ereignisse der letzten Tage ein wenig abzuschütteln.

Guntram hatte einen Schädel, aber das wunderte hier niemanden. Er bestellte sich zwei Aspirin zum Kaffee.

Um kurz nach neun stiegen sie alle in die Inselbahn, um die Fähre zu nehmen. Das würden ihre letzten gemeinsamen Stunden sein.

Als sie unter Deck an einem Tisch mit Blick aufs Meer saßen, schien alles gesagt. Jeder hing seinen Gedanken nach. Sah wildfremden Menschen dabei zu, wie sie mit ihren Kindern schimpften oder auch alleine vor sich ins Leere starrten. Jeder hatte sein Päckchen zu tragen.

Dann legte die Fähre an. Der Abschied rückte immer näher. Als sie draußen am Borkumkai standen, war es dann soweit. Es gab hier niemanden unter den sechs, dem nicht die Tränen bis zum Hals standen. Eva heulte als Erstes los.

»Mensch, das war so tragisch wie schön«, sagte sie und schniefte. »Ihr seid so klasse. Alle zusammen.«

»Das finde ich auch«, sagte Lisa und schnäuzte sich.

Kurz darauf lagen sich alle in den Armen, drückten und herzten sich. Selbst Guntram machte mit. Nur Jan hielt sich die anderen vom Leibe. Und niemand machte ihm einen Vorwurf daraus. Sie wussten, dass Berührungen etwas waren, das ihm zu schaffen machte. Nähe. Die musste man auch aushalten können.

»Wir sehen uns auf jeden Fall wieder«, rief Eva, als sie mit Jürgen in ein Taxi stieg.

»Unbedingt«, erwiderte Lisa. »Und dann machen wir aber wirklich einmal Urlaub.«

Katrin und Jan standen jetzt etwas Abseits und unterhielten sich. Niemand verstand, worum es bei der Unterhaltung ging. Doch alle ahnten es.

Dann winkte Guntram ein Taxi heran und wartete, dass auch Katrin kam.

Lisa und Jan stiegen in ein weiteres.

Und so löste sich diese eingeschworene Gemeinschaft auf.

## Wieder zuhause

Lisa und Jan waren die Ersten, die in ihrer Dienststelle in Aurich ankamen. Sie wurden vom Beamten am Empfang mit den Worten begrüßt, dass man schon eine Fahndung nach ihnen beiden ausschreiben wollte.

»Katrin ist nett«, sagte Lisa, als sie wieder in ihrem Büro waren. Da war er wieder, der vertraute Geruch, der sie beide verband.

»Ja, das ist sie wirklich«, sagte Jan und fuhr seinen PC hoch.

»Wie ist das Verhör mit dem Osterkamp eigentlich gelaufen. Du hast noch gar nichts erzählt.«

»Ach ...« Er überlegte einen Augenblick, ob er Lisa wirklich alles erzählen sollte. Und er entschied sich dann dafür. Sie hatte die ganze Wahrheit verdient.

»Das ist ja unfassbar«, sagte Lisa, als er geendet hatte. »Da kann man ja am Ende sogar noch Mitleid mit ihm bekommen.«

»Das ist ja das perfide«, sagte Jan, »wenn man allen Menschen bis zum Ende zuhört, dann hat jeder letztendlich seine Beweggründe, die alles erklären, was er tut.«

»Aber das heißt nicht, dass man es auch gutheißen muss«, meinte Lisa. »Nicht alles ist mit einer verkorksten Kindheit entschuldbar.«

Jan nickte. »Das ist auch der Grund, warum ich immer noch Täter jage.«

»Wirst du Katrin wiedersehen? Ich meine, du musst mir nicht antworten, eigentlich geht es mich ja gar nichts an.«

»Du hast recht«, sagte Jan, »es geht dich nichts an.« Dabei grinste er schelmisch und sah über den Bildschirmrand hinweg.

»Du Ekel«, sagte sie und warf mit einem Tennisball nach ihm, der ihr immer beim Nachdenken half. Sie fuhr ihren PC hoch und öffnete ihren E-Mail Account. Es waren viele Nachrichten aufgelaufen. Und auch eine, die sie sich selber geschickt hatte mit dem Foto, das sie von sich, Katrin und Eva in der Inselbahn gemacht hatte, als sie auf Borkum angekommen waren. Sie machte das Foto so groß, dass es den ganzen Bildschirm ausfüllte. Da waren sie. Drei starke Frauen. Katrins traurig melancholischer Blick. Und Lisa schwor sich in diesem Moment, dass sie es mit jedem aufnehmen würde, der es noch einmal wagte, ihr Angst zu machen.

***

Guntram hatte dem Taxifahrer Katrins Adresse genannt, als sie einstiegen. Und jetzt standen sie vor ihrer Wohnung und er stieg mit aus.

»Soll ich mit reinkommen?«, fragte er.

Katrin schüttelte den Kopf.

»Okay«, sagte er und machte schon Anstalten, wieder einzusteigen.

»Warte«, rief Katrin und rannte um den Wagen herum und nahm ihn ganz fest in den Arm. »Danke. Danke für alles.« Sie schluchzte.

»Aber ich hab doch gar nichts gemacht«, wehrte er ab.

»Ich melde mich bald, und dann reden wir.« Sie löste sich wieder aus der Umarmung.

»Versprochen?«

»Heiliges Ehrenwort.«

Dann ging sie ins Haus, um ihre Mutter anzurufen. Sarah konnte wieder nach Hause kommen.

*\*\**

»Weißt du Jürgen, ich bin wirklich froh, wieder zuhause zu sein«, sagte Eva, als sie später auf Langeoog von der Fähre gingen.

»Und ich erst. Das waren ja wirklich turbulente Tage.«

»Es tut mir leid, dass ich so wenig Zeit für dich hatte«, sagte sie aufrichtig. »Ich hoffe, du nimmst mir das nicht übel.«

»Ach was«, sagte er und machte eine wegwischende Handbewegung. »Jetzt habe ich dich ja wieder für mich.«

»Na, sei dir das nicht so sicher«, lachte Eva. »Der nächste Täter wartet sicher schon auf uns.«

Am Abend kehrten sie wieder in ihr Lieblingsrestaurant ein und aßen Pizza.

»Das hat mir wirklich gefehlt«, sagte Jürgen und schob sich doppelte Käse rein.

»Ja, es gibt Sachen, die möchte man irgendwann nicht mehr missen.«

Sie ließ im Raum stehen, was genau sie damit eigentlich meinte.

ENDE

# Die Eva Sturm Krimi-Reihe in der Übersicht

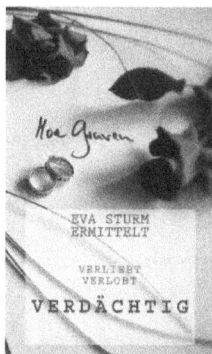

**Verliebt ... Verlobt ... Verdächtig** - Der erste Fall für Eva Sturm

Eva Sturm wird von ihrer bisherigen Dienststelle in Braunschweig als Ermittlerin zur kleinen Polizeistation auf Langeoog versetzt. Nur mit halbem Herzen freut sie sich, denn teilweise fühlt sie sich als Endvierzigerin einfach nur abgeschoben. Die Tage plätschern dahin, sie gewöhnt sich ein und freundet sich schließlich mit Jürgen an, der die Touristikinfo leitet. Für Polizeiarbeit gibt es indes nur selten Anlass. Bis Eva eines schönen Tages am Strand einen goldenen Ring mit einer Inschrift findet. Sie versucht mit Jürgens Hilfe, den Besitzer zu ermitteln, der offensichtlich mit einer Maren verheiratet ist. Doch die Suche geht ins Leere. Bis Eva überfallen und der Ring gestohlen wird. Steckt vielleicht doch mehr dahinter? Sogar Mord? Eva Sturm ermittelt in ihrem ersten Fall auf Langeoog, der sich zur reinsten Schnitzeljagd entwickelt und sie bis zu einem Goldschmied nach Köln führt. Und Jürgen ist immer an ihrer Seite.

## Justitias Schwäche -
### Der zweite Fall für Eva Sturm

Die Sommersaison neigt sich auf Langeoog dem Ende. Eva Sturm wähnt sich bereits bei langen Winterabenden vor dem Kamin oder beim Italiener mit Jürgen. Doch dann meldet sich der Briefmarkenverein Ostfriesland-Papenburg für ein verlängertes Wochenende im Oktober an. Und ausgerechnet Jürgen hat sich die Organisation dieses Events unter den Nagel gerissen und spannt Eva natürlich mit ein. Sie soll sogar eine Rede beim Gala-Dinner halten. Spannend wird die Sache für sie aber erst, als ein Sammler in einem Umschlag wertvolle Marken bei ihr in einem Safe hinterlegt. Und dann liegt nach dem Gala-Dinner auch noch Dieter Wattjes aus Moormerland tot auf seinem Hotelbett. Steckt Eifersucht oder Geldgier hinter dem brutalen Mord? Und was hat eine Anwältin aus Loga mit der ganzen Sache zu tun?

## Bitterer Todesengel -
### Der dritte Fall für Eva Sturm

Auf der kleinen ostfriesischen Insel Langeoog steht Weihnachten vor der Tür. Und das bedeutet für die Ermittlerin Eva Sturm Stress. Denn Familienfeiern wurden ihr schon in der Kindheit vergrault. Und ausgerechnet in diesem Jahr hat sie Jürgen von der Touristinfo versprochen, mit ihm zu feiern. Doch bevor Eva sich lange über ihre Zusage ärgern kann, wird einige Wochen vor Heiligabend ein Toter am Strand entdeckt. Er sitzt erfroren in den Dünen. Es handelt sich um Heinrich Gerlach aus Ditzumerhammrich. Ausgerechnet den Mann, der in dem letzten Fall »Justitias Schwäche« als vermisst galt. Eva flüchtet sich sofort in die Ermittlungen und Jürgen gerät in Weihnachtsstress. Als Eva auf weitere ungeklärte Todesfälle ähnlicher Art stößt, nimmt sie schließlich Kontakt zu Jan Krömer und Lisa Berthold auf, dem Ermittlerteam in Aurich, denn es sieht verdammt nach einem Serientäter aus.

**Blaues BLUT** - Der
vierte Fall für Eva Sturm

Wie fühlt man sich, wenn man erfährt, dass man gar nicht mehr lebt? Diese Erfahrung macht Alexander von Bruch, als er nach einem Urlaub im sonnigen Süden in seine alte Villa in Dornum zurückkehrt. Er merkt gleich beim Aufschließen der Tür, dass etwas nicht stimmt. Warum gibt es keine Post? Wo ist seine Haushaltshilfe? Nur auf dem Wohnzimmertisch liegt eine alte Zeitung, in der steht, dass er vor Kurzem gestorben ist. Er liest seinen eigenen Nachruf. Was hat das zu bedeuten? Wem kann er noch trauen? Er wendet sich an Eva Sturm, die er auf der kleinen ostfriesischen Insel Langeoog kennenlernt, und bittet sie unter einem harmlosen Vorwand um Hilfe.

**Stille Angst** - Overcross Special - der fünfte Fall für Eva Sturm und zwei weitere Kolleginnen aus Ostfriesland

Drei überaus kluge Frauen arbeiten als Ermittlerinnen in Ostfriesland. Eva Sturm auf Langeoog, Lisa Berthold mit Jan Krömer in Aurich und Katrin Birgner mit Kommissar Guntram in Leer. Bei verschiedenen Mordermittlungen, die Ostfriesland in Unruhe versetzen, lernten sie sich bereits flüchtig kennen. Um einmal Abstand von ihren »Männern«, den Ermittlerkollegen zu bekommen, beschließen sie, gemeinsam ein schönes Frauen-Wochenende auf Borkum zu verbringen. Doch ihr Job ist nicht alles, was sie verbindet. In allen drei Frauen lauert eine stille Angst. Denn sie werden latent bedroht von anonymen Anrufern und Nachrichten. Und Katrin Birgner geschah sogar noch Schlimmeres. Sie weiß nicht, wer der Vater ihres Kindes ist. Als sie sich immer näher kennen lernen, lassen sie die Maske der ewig starken Frau fallen und geben nach und nach zu, dass sie sich von dieser Bedrohung immer mehr in ihrem Alltag beeinflussen lassen. Alle drei leben zudem noch alleine. Liegt das an ihrem Job? Und dann gibt es auf Borkum einen Toten, der noch einmal alles, an was sie bisher geglaubt hatten, infrage stellt.

**Die Titel der Kommissar Guntram Krimi-Reihe, in der Katrin Birgner mitwirkt**

"Mörderischer Kaufrausch"

"Mord im Gebüsch"

"Mordsgeschäfte"

"Das Meer schweigt ..."

"Märchenhafte Morde"

"Hinter verschlossenen Türen"

"Teezeit"

**Die Titel der Jan Krömer Krimi-Reihe, in der Lisa Berthold mitwirkt**

"KillerFEE"

"Todesspiel am Großen Meer"

"Kneipenkinder"

"Fallensteller"

**Schiffbruch** - Der sechste Fall für Eva Sturm

Es ist Sommer und Eva will endlich einmal ein paar Tage ausspannen. Sie sitzt praktisch auf gepackten Koffern und selbst Jürgen von der Touristinfo wird sie nach Esens begleiten. Doch ihr Plan wird von einem Segelboot durchkreuzt, das gestrandet vor Langeoog von einem Touristen entdeckt wird. Er schlägt sofort Alarm, denn unter Deck bietet sich ihm ein Bild des Grauens. Ein junges Ehepaar und zwei kleine Kinder sind blutüberströmt, die junge Familie wurde brutal ausgelöscht. Eva begräbt ihre Urlaubspläne und jagt den Täter, den sie schon bald im direkten Umfeld der Opfer vermutet.

## Zur Autorin

**Moa Graven: »Ich habe erst mit fünfzig meine Leidenschaft für das subtile Verbrechen entdeckt.«**

Als gebürtige Ostfriesin kam Moa Graven durch Umwege über den Journalismus selber zum Krimi-Schreiben. Das war im Jahr 2013, als sie ihren ersten Krimi "Mörderischer Kaufrausch" mit Ermittler Jochen Guntram als Fortsetzung in einem Monatsmagazin veröffentlichte. Seither hat sie viele Leichen in Ostfriesland hinterlassen. Sie arbeitet mittlerweile an drei Krimi-Reihen in Ostfriesland mit Kommissar Guntram in Leer, Jan Krömer in Aurich und Eva Sturm auf Langeoog!

Besuchen Sie die Autorin gerne auch hier: www.moa-graven.de.

www.ingramcontent.com/pod-product-compliance
Lightning Source LLC
Chambersburg PA
CBHW032107280326
41933CB00009B/771